농축 베이스의 비밀

카페 Base 메뉴 101

메뉴 신송이

수작 길다

Prolog :

What is the Cafe BASE menu?

저는 10년째 다양한 재료로 직접 베이스를 만들어 카페를 운영하고 있습니다. 여기에는 몇 가지 이유가 있는데 첫 번째는 남과 다른 독특한 카페를 만들고 싶었기 때문입니다. 해외구매가 흔치 않던 시절, 국내에 없는 허브로 시럽을 만들고과 직접 식물을 심어 만들기도 했죠. 두 번째는 과도한 단맛이 단점인 카페 음료의 이미지를 바꾸고 싶었습니다. 설탕이 아닌 과일을 사용해서 당도를 줄이니 맛이 깊어지고 단맛은 줄어 손님들의 호응이 이어졌죠. 세번째는 인공색소와 향료, 방부제를 기피하는 제 자신 때문이었습니다.

저 혼자만 쓰던 수제 베이스에 많은 사람들이 관심을 갖기 시작한 건 6~7년 전 쯤입니다. 수업을 통해 예비 창업자나 이미 사업을 하고 계신 분들, 혹은 공방을 하고 계신 분들을 만났고, 수업이 확산되면서 대박나는 카페에서 사용하는 음료의 비법인 베이스가 활성화되기 시작했습니다. 저처럼 환경적인 요인으로 인공적인 것에 알러지를 가진 사람들이 늘어나면서 점차 자극 없는 수제 베이스의 건강한 음료를 지향하게 되었죠.

과일을 다루는 공식, 허브나 차를 다루는 공식, 커피를 다루는 공식처럼 베이스를 만드는 일에도 작은 공식들이 있습니다. 이 책을 통해 베이스를 만들어가며 스스로 몇 가지 공식을 깨닫게 될 겁니다. 처음엔 책을 따라하되 조금씩 작은 변화를 주고 다른 재료도 섞어보길 바랍니다. 처음부터 완벽한 레시피가 나오지는 않겠지만 오류와 실패를 통해 이 책보다 훌륭한 레시피가 탄생될 거라 생각합니다.

How to make the BASE menu?

카페 메뉴를 만드는 과정이 요리처럼 복잡하고 어려우면 안 되죠. 베이스만 있다면 무엇이든 가능합니다. 책에는 23가지 베이스가 소개되는데, 모두가 음료를 만드는 첫 번째 재료로 사용합니다. 베이스가 정해지면 어울리는 리퀴드로 양을 보충하고 포인트 재료로 맛을 살려준 후, 가니시를 얹어 한 잔의 음료를 완성합니다.

BASE 카페 음료 맛의 뼈대

카페메뉴 시리즈는 레시피를 베이스/리퀴드/포인트/가니시로 나눠 직관적으로
소개하죠. 이 책은 특별히 베이스에 집중합니다. 베이스는 음료의 맛을 내는 뼈대라고 할
수 있죠. 베이스를 기준으로 차곡차곡 쌓아 한 잔의 음료를 구성함은 물론 베이스에 따라
음료의 이름도 결정됩니다. 모든 베이스는 냉장/냉동보관이 가능하며 냉동보관 시 사용
12시간 전에 냉장실로 옮겨 해동해 사용합니다.

LIQUID 음료의 질감을 결정

베이스가 메뉴의 뼈 부분을 차지한다면 음료에서 리퀴드는 가장 많은 부분을
차지합니다. 음료의 질감을 설정하기도 하고 온도를 결정하는 등 리퀴드의 종류에 따라
음료의 카테고리가 나뉘어지죠. 같은 베이스라도 어떤 리퀴드를 사용하는가에 따라
완전 다른 종류의 음료가 만들어지니 중요한 요소입니다. 베이스와의 궁합을 맞추면
시중에 없는 특별한 음료를 만들 수 있습니다.

POINT 음료 맛의 치트키! 2차 베이스

베이스와 리퀴드가 뼈와 살이라면 포인트는 컬러라고 할 수 있습니다. 간혹 베이스나
리퀴드만으로도 심플하게 만들기도 하지만 대부분 포인트 재료로 음료의 완성도를
높이죠. 포인트는 허브나 스파이스가 될 수도 있고, 주재료인 베이스 외의 또 다른
베이스가 될 수도 있습니다. 예를들어 레몬베이스에 커피베이스를 섞을 때 레몬베이스는
주 베이스가 되고 커피베이스는 포인트가 되는 셈입니다.

GARNISH 메뉴를 설명하는 요소

가니시는 여러 역할을 하죠. 한 잔의 음료를 더욱 돋보이게 하고, 음료 안에 어떤 재료가
들어있는지, 어떤 맛인지의 시각적인 정보를 전달하는 역할도 합니다. 허브나 향신료로
음료를 장식하더라도 메뉴와 연결해 설명할 수 있어야만 그 기능을 다합니다. 설명할 수
없다면 의미 없는 장식일 뿐, 좋은 가니시라 할 수 없습니다.

CONTENTS

카페 Base 메뉴 101

Prolog : What is the Cafe BASE menu? — 006
How to make the BASE menu? — 008

BASE   카페 음료 맛의 뼈대 — 016
LIQUID   음료의 질감을 결정 — 018
POINT   음료 맛의 치트키! 2차 베이스 — 020
GARNISH   메뉴를 설명하는 요소 — 022
& TOOLS   핵심 필수도구 — 024

(BONUS)

Base × Base — 310

Ⓐ 자몽베이스 × 홍차베이스 ⇒ 홍차자몽에이드
Ⓑ 민트베이스 × 홍차베이스 ⇒ 민트홍차라떼
Ⓒ 레몬베이스 × 콜드브루베이스 ⇒ 레몬콜드브루
Ⓓ 인스턴트커피베이스 × 사과베이스 ⇒ 애플마끼아또
Ⓔ 당근베이스 × 사과베이스 ⇒ 채소우유플로트
Ⓕ 딸기베이스 × 비트베이스 ⇒ 얼씨딸기쉐이크
Ⓖ 블루베리베이스 × 생강베이스 ⇒ 퍼플스무디
Ⓗ 청포도베이스 × 민트베이스 ⇒ 쿨젤리청포도

SECTION 1

Fruit Base

Cherry Base
- 체리베이스 만들기 — 028
체리쉐이크 *Cool* — 032
아마레나체리에이드 *Cool* — 034
체리차 *Hot* — 036
체리피낭시에 *Dessert* — 038

Lemon Base
- 레몬베이스 만들기 — 040
시소레몬에이드 *Cool* — 044
펜넬레몬차 *Hot* — 046
레몬콕 *Cool* — 048
레몬마들렌 *Dessert* — 050

Grapefruit Base
- 자몽베이스 만들기 — 052
꿀몽차 *Hot* — 056
자허블 *Cool* — 058
오몽에이드 *Cool* — 060
자몽드레싱 *Dessert* — 062

Strawberry Base
- 딸기베이스 만들기 — 064
딸기스무디 *Cool* — 068
딸기우유 *Cool* — 070
스트로베리말차버블티 *Cool* — 072
딸기크림치즈 *Dessert* — 074

Kiwi Base
- 키위베이스 만들기 — 076
키위비타파워 *Cool* — 080
키위홍차아이스티 *Cool* — 082
키위루꼴라주스 *Cool* — 084
키위롤젤리 *Dessert* — 086

Green Grape Base
- 청포도베이스 만들기 — 088
청포도치즈폼 *Cool* — 092
청포도케일주스 *Cool* — 094
바질청포도에이드 *Cool* — 096
청포도곤약젤리 *Dessert* — 098

Watermelon Base
- 수박베이스 만들기 — 100
수박레몬셀러 *Cool* — 104
수박그라나타 *Cool* — 106
땡모반 *Cool* — 108
수박화채 *Dessert* — 110

Apple Base
- 사과베이스 만들기 — 112
로즈애플아이스티 *Cool* — 116
애플밀크쉐이크 *Cool* — 118
애플시나몬 *Cool & Hot* — 120
사과버터잼 *Dessert* — 122

Blueberry Base
- 블루베리베이스 만들기 — 124
블루베리크림치즈스무디 *Cool* — 128
블루베리밀크티 *Cool* — 130
블루베리에너지워터 *Cool & Hot* — 132
블루베리치즈바 *Dessert* — 134

SECTION 2

Vegetable Base

Carrot Base
- 당근베이스 만들기 — 138
- 베타카로틴에이드 *Cool* — 142
- 당근바닐라밀크 *Cool* — 144
- 당근사과주스 *Cool* — 146
- 녹차당근양갱 *Dessert* — 148

Tomato Base
- 토마토베이스 만들기 — 150
- 토마토레드파워주스 *Cool* — 154
- 토마토그릭요거트 *Cool* — 156
- 토마토바질에이드 *Cool* — 158
- 스리라차토마토케첩 *Dessert* — 160

Ginger Base
- 생강베이스 만들기 — 162
- 진저크림밀크 *Cool* — 166
- 진저베리티 *Cool* — 168
- 진저허니캐모마일 *Cool* — 170
- 진저캐러멜 *Dessert* — 172

Beet Base
- 비트베이스 만들기 — 174
- 비트라즈베리에이드 *Cool* — 178
- ABC주스 *Cool* — 180
- 비트레몬티 *Hot* — 182
- 비트크랜베리스콘 *Dessert* — 184

SECTION 3

Coffee Base

Cold Brew Base
- 콜드브루베이스 만들기 — 188
- 더치큐브라떼 *Cool* — 192
- 더치크림슈페너 *Cool* — 194
- 더치클린다이어트워터 *Cool* — 196
- 콜드브루티라미수 *Dessert* — 198

Instant Coffee Base
- 인스턴트커피베이스 만들기 — 200
- 오마주투333 *Cool & Hot* — 204
- 달고나커피 *Cool* — 206
- 기피피즈 *Cool* — 208
- 커피까눌레 *Dessert* — 210

Cinnamon Espresso Base
- 시나몬에스프레소베이스 만들기 — 212
- 시나몬오렌지라떼 *Cool* — 216
- 카푸치노프라푸치노 *Cool* — 218
- 시나몬원앙밀크티 *Cool & Hot* — 220
- 시나몬브레드푸딩 *Dessert* — 222

SECTION 4

Herb & Tea Base

Hibiscus Base
- 히비스커스베이스 만들기 — 262
- 히브시커스진저티 *Cool & Hot* — 266
- 용과히비스커스아이스 *Cool* — 268
- 제주 담은 히비스커스 *Cool* — 270
- 히비스커스무피클 *Dessert* — 272

Vanilla Espresso Base
- 바닐라에스프레소베이스 만들기 — 224
- 리얼바닐라빈라떼 *Cool & Hot* — 228
- 바닐라버블티라떼 *Cool* — 230
- 바닐라커피사냥 *Cool* — 232
- 바닐라라떼컵케이크 *Dessert* — 234

Black Tea Base
- 홍차베이스 만들기 — 274
- 얼그레이프라페 *Cool* — 278
- 아샷추 *Cool* — 280
- 밀크티 *Cool & Hot* — 282
- 얼그레이파베초콜릿 *Dessert* — 284

Hazelnut Espresso Base
- 헤이즐넛에스프레소베이스 만들기 — 236
- 헤이즐넛크림커피 *Cool & Hot* — 240
- 헤이즐넛라떼 *Cool* — 242
- 두배 고소한 여름커피 *Cool* — 244
- 커피플레이버 그레놀라 *Dessert* — 246

Masala-Tea Base
- 마살라티베이스 만들기 — 286
- 마살라흑맥주 *Cool* — 290
- 마살라포도주스 *Cool* — 292
- 마살라차이 *Hot* — 294
- 마살라베이컨양파잼 *Dessert* — 296

Mocha Espresso Base
- 모카에스프레소베이스 만들기 — 248
- 깔루아밀크 *Cool & Hot* — 252
- 스트로베리모카라떼 *Cool* — 254
- 몰트쉐이크 *Cool* — 256
- 모카파운드케이크 *Dessert* — 258

Mint Base
- 민트베이스 만들기 — 298
- 민트아메리카노 *Cool* — 302
- 오틀리민트초코 *Cool & Hot* — 304
- 큐컴버민트 *Cool* — 306
- 민트레몬마요 *Dessert* — 308

HOW TO MAKE THE BASE MENU?

BASE + LIQUID + POINT + GARNISH

카페 음료 맛의 뼈대, 베이스

베이스는 과일, 채소, 커피, 차, 허브를 사용하여 만듭니다. 카페에서 사용되는 주재료를 액체화시켜 시간을 절약하고 보관기간을 늘리죠. 이렇게 만든 베이스는 음료의 핵심으로, 맛내기 포인트로 사용됩니다. 계절마다 나는 신선한 재료를 가지고 나만의 베이스를 만들어보세요.

● **과일베이스** 과일베이스는 새콤달콤한 맛이 주를 이루고 베리류나 시트러스류의 향이 많아 음료를 만들기에 적합합니다. 우유보다는 탄산수나 물과 잘 어울리죠. 청량감 있는 여름 음료는 물론 뜨거운 물에 차를 우릴 때 당도를 높이는 용도로 사용하죠. 실제로 대다수의 카페에서 과일베이스에 끓는 물을 부어 만드는 레몬차, 자몽차 등을 판매하는데 만족도가 높아 베이스만 단독으로 판매하기도 합니다.

● **커피 베이스** 매일 커피음료를 사 먹는 것도 금전이나 시간적으로 부담일 수 있죠. 에스프레소를 중심으로 다양한 베이스를 만들 수 있습니다. 커피베이스는 맛이 강해 베이킹에 약간만 사용해도 은은한 커피향을 포인트로 줄 수 있죠. 커피머신이 없는 분들을 위해 인스턴트 커피가루로 만드는 베이스도 소개하니, 인스턴트 커피가루를 응용해도 좋습니다. 물보다는 우유에 섞어 마시기를 권합니다.

● **채소 베이스** '채소가 음료에?'라는 생각을 들지만 시판 중인 수입음료 중에는 과일과 채소를 섞은 과채주스가 상당수입니다. 채소는 단맛이나 향이 없기에 목넘김이 좋거나 많이 마실 수 있는 재료는 아니지만, 커리 안에 채소를 숨긴 엄마의 노하우처럼 음료 안에 채소를 넣어보세요. 적당한 과일이나 리퀴드를 잘 조합해서 베리에이션하면 훌륭한 음료를 만들 수 있답니다. 편견만 버린다면 조금 더 세련된 과채음료를 구성할 수 있습니다.

● **허브 베이스** 허브나 차는 건조과정을 통해 성분이 응축되므로 뜨거운 물로 추출하는 것이 첫 번째입니다. 너무 뜨거운 물에 급히 우리는 것보다 시간을 가지고 천천히 향과 맛을 추출합니다. '차는 3분을 우려야 한다'는 건 즉석에서 음용할 때의 얘기고, 베이스를 만들 때는 한 시간이든, 반나절이든 시간을 꼭 준수해야 진하게 추출해야 합니다. 뜨거운 음료보다는 차가운 음료에 어울리는 베이스로, 포인트 역할도 가능합니다.

HOW TO MAKE THE BASE MENU?

BASE + **LIQUID** + POINT + GARNISH

음료의 질감을 결정, 리퀴드

커피베이스에 물을 섞으면 아메리카노처럼 맑은 커피를 만들 수 있죠. 우유를 섞으면 라떼, 주스나 탄산을 섞으면 또 다른 음료가 됩니다. 어떤 리퀴드를 선택하는가에 따라 메뉴의 전반이 바뀌기 마련입니다. 하나의 베이스를 가지고 여러 가지 리퀴드를 활용해보는 것도 재미있는 실험이 될 거예요. 베이스별로 어울리는 리퀴드를 찾아 목록에 넣어보세요.

우유 음료를 만들 때 물 다음으로 많이 쓰는 리퀴드입니다. 우유는 주재료인 베이스의 맛을 부드럽게 만들어주죠. 주재료가 우유와 어울리되 우유의 맛을 뚫고 나와야 하므로 그 양 조절에 신경을 써야 합니다. 우유의 양은 적게, 맛은 진하게 내고 싶다면 지방이 많은 생크림을 우유에 10% 정도 섞어 쓰는 것도 방법입니다. 유당불내증이 있거나 비건일 경우 오틀리나 아몬드밀크를 사용합니다.

● **주스** 과일 맛을 돋보이게 하는 리퀴드입니다. 시판되는 여러 가지 주스를 사용해도 좋지만 시트러스의 경우 직접 즙을 짜서 사용하세요. 청량감이 돋보이는 여름 음료를 만들 때는 오렌지주스나 사과주스처럼 유기산이 많은 주스가 알맞습니다. 새콤달콤한 오렌지주스는 경쾌한 음료를 만들 때 좋고, 달콤하고 향기로운 사과주스는 독특한 베이스를 쉽게 풀어가는 역할을 합니다. 파인애플주스나 복숭아주스도 즐겨 사용해요.

● **탄산** 아이스 음료의 대명사는 단연 탄산이겠죠. 당도가 있는 탄산음료와 당도가 없는 탄산수가 대표적이며 요즘은 콜라를 사용하기도 합니다. 천연 탄산을 가진 콤부차를 이용하는 것도 좋은 방법입니다. 프랜차이즈에서 음료를 만들 경우에는 가성비와 획일된 맛을 중요하게 여기므로 향과 맛이 있는 오렌이나 패션프루트, 망고맛 탄산음료를 사용하기도 합니다. 탄산음료는 반드시 차게 사용해야 얼음을 넣어도 볼륨감이 줄어들지 않습니다.

○ **물** 카페 음료에서 가장 많이 사용하는 리퀴드입니다. 커피를 만들 때도, 차를 만들 때도 물을 넣죠. 음료를 마시는 첫 번째 목적이 수분 보충이기에 음료를 만드는 물은 수돗물이 아닌 정수나 생수를 사용해야 합니다. 생수를 사용해 미네랄이 살아있는 음료를 만드세요. 허브나 차를 냉침해서 리퀴드로 만든 방법도 있습니다.

HOW TO MAKE THE BASE MENU?

BASE + LIQUID + **POINT** + GARNISH

음료 맛의 치트키, 포인트

포인트는 맛이나 비주얼에 킥을 주어 개성을 살리는 역할을 합니다. 리퀴드와 베이스만 섞으면 자칫 다 비슷한 음료처럼 보일 수 있죠. 크림이나 아이스크림, 또 다른 베이스나 파우더를 넣어 맛에 볼륨감을 줄 수 있습니다. 아이스티에 레몬 한 조각을 즙내 넣으면 산도를 맞추는 역할은 물론 레몬향을 불어넣기도 하죠.

● **크림** '크림커피'라는 장르가 따로 있을 정도로 음료에서 크림은 중요한 포인트 재료입니다. 생크림은 묽고 가벼운 느낌을, 휘핑크림은 묵직하고 쫀득한 느낌을 주죠. 유지력을 위해 동물성과 식물성 크림을 혼합해 사용하기도 합니다. 반면 식물성 크림을 쓰면 가성비는 좋지만 크림에서 나는 고급스러운 맛이 줄어들어요. 크림에 커피나 파우더를 섞으면 플레이버 크림을 만들 수 있어요.

● **아이스크림** 음료에 아이스크림을 넣는 것은 두 가지 타입으로 나뉩니다. 완성된 음료 상단에 플로트 형식으로 아이스크림을 올리거나 아이스크림을 넣고 갈아 쉐이크 형식으로 만들죠. 보통 우유 맛이 나는 기본 바닐라를 가장 많이 사용하죠. 플로트 형식의 음료에는 유지방 함량이 높은 아이스크림을 한 덩이 넣는 것이 좋고, 갈아서 쉐이크로 만드는 음료는 유지방 함량이 낮은 아이스크림을 넉넉히 넣는 것이 좋습니다.

● **베이스** 직접 만든 베이스를 포인트로 사용합니다. 과일베이스로 상큼한 맛을 내고, 채소베이스로 독특한 맛을 냅니다. 커피베이스로는 음료의 무게를 잡기도 하죠. 그리고 허브나 차 베이스로 색을 내기도 합니다. 각 베이스의 향과 맛을 기억해두었다가 음료에 넣어 약간의 포인트를 주세요. 주의점은 주재료의 베이스와 포인트의 베이스가 주객전도되지 않게 하는 겁니다.

● **과일즙** 대부분 음료의 산도를 조절해주는 레몬즙을 즐겨 쓰죠. 레몬즙은 시판을 사용해도 좋고 직접 짜서 보관하는 것도 좋은데 신선도 유지를 위해 작은 얼음틀에 레몬즙을 냉동해서 사용하는 것도 방법입니다. 레몬즙이나 라임즙을 주로 씁니다.

● **파우더** 말차나 카카오, 사탕 등의 파우더를 쓰면 음료의 색과 맛이 더욱 선명해집니다. 말차의 카페인이 걱정이라면 클로렐라나 시금치가루를 쓰면 되고, 과일맛을 선명하게 내고 싶다면 과일맛 캔디를 가루내어 사용합니다. 파우더는 수분에 약하므로 실리카겔과 함께 지퍼백에 넣어 실온보관합니다.

HOW TO MAKE THE BASE MENU?

로즈페탈

허브

라벤더

정향

과일

스타아니스

시나몬스틱

BASE + LIQUID + POINT + **GARNISH**

메뉴를 설명하는 마무리, 가니시

가니시는 음료의 맛을 함축하여 시각적으로 전달하는 역할을 합니다. 시선이 너무 분산되었을 때 정리하는 역할도 하며 음료 안에 들어있는 히든 재료를 센스있게 표현하기도 하죠. '이 음료를 한가지 재료로 표현한다면?'이라는 질문이 가니시의 시작입니다.

● **허브** 허브는 아이스 음료에 주로 사용하지만 핫음료에 넣으면 향의 볼륨감을 살려줍니다. 아이스 음료에는 바질이나 민트류의 잎이 부드러운 종류를, 핫음료에는 타임이나 로즈마리처럼 줄기가 단단하고 긴 종류를 소량 사용합니다. 허브는 향이 강하므로 많이 사용하면 자칫 음료의 모든 캐릭터가 바뀔 수 있으니 주의합니다. 화분에서 자란 원예용은 피하고 반드시 식용허브를 구매하여 사용하세요.

● **스파이스** 스파이스는 조각이나 가루로 사용합니다. 그중 호불호가 적고 구하기가 쉬운 게 시나몬이죠. 스파이스를 잘 활용하면 오렌지주스 한 잔도 특별하게 바뀝니다. 홍차로 만든 밀크티는 물론 라떼도 화려하게 마무리할 수 있습니다. 스파이스는 약간 매운맛도 있어 달거나 느끼한 맛의 마무리 역할도 알맞아요.

● **플라워** 페미닌하고 러블리한 느낌을 강조하기 위해 식용꽃을 사용하죠. 대부분 새콤달콤하거나 쌉쌀한 맛이 없어 먹지는 않죠. 꽃 한송이를 장식하는 것도 좋고 꽃잎을 뜯어 사용하는 것도 좋습니다. 다만 관리가 어려우니 물을 넉넉히 뿌린 키친타월에 올려 냉장보관해두고 쓰세요.

● **과일** 개인적으로 즐겨 쓰는 가니시입니다. 생과일을 얇게 잘라 쓰기도 하고 얇게 자른 과일을 말려서 쓰기도 하죠. 또는 반만 건조해서 얼려 쓰기도 합니다. 색이 쉽게 갈변되는 사과나 배는 당 절임 후 정과로 말려두고, 금방 무르는 베리류는 냉동해둡니다. 시트러스류는 반건조해서 보관하면 필요할 때마다 꺼내 쓰기 요긴합니다.

HOW TO MAKE THE BASE MENU?

& TOOLS

핵심 필수도구

음료를 만들 때 필요한 기본적인 도구들입니다. 동선을 파악해 작업대에 올려두고 사용해요. 처음부터 모든 것을 준비할 필요는 없고 손이 자주 가는 도구만 4~5개 꺼내놓고 사용하는 것이 좋습니다.

블렌더 베이스를 만들고 음료를 만들 때 꼭 필요한 도구입니다. 껍질을 제거한 과육을 갈거나 얼음과 아이스크림을 혼합하여 하나로 만들 때 사용하죠. RPM이 높을수록 속도가 빠르고 곱게 갈려요. 음료용으로는 고속 믹서기가 적당합니다.

착즙기 베이스를 만들 때 많이 사용하는 도구입니다. 과육을 펄프와 원액으로 분리하는 등 농도가 짙은 베이스를 만들 때 자주 사용하죠. 과일 외에 잎이나 뿌리채소 원액을 낼 때 사용하기도 합니다. 착즙기는 가정용도 좋지만 얻어야 하는 원액의 양이 많다면 업소용을 권합니다. 시간을 1/10로 단축 할 수 있습니다.

티 스트레이너 차를 사용해 베이스를 만들거나 차를 우려 음료 리퀴드를 얻을 때 사용합니다. 베이스를 만들어 더 맑은 원액만을 만들 때도 사용하죠. 구입 시 얼마나 촘촘한지 살펴보세요. 무조건 미세한 것보다 원하는 베이스의 질감에 따라 크기별로 구비하고 있으면 좋습니다. 스테인리스 소재를 추천합니다.

믹서 일명 도깨비방망이라 불리죠. 초콜릿을 넣은 베이스를 만들 때 사용하면 분리되지 않아 더 좋은 결과물을 얻을 수 있습니다. 오랜 시간 사용하면 과열로 고장이 잘 나니 고가의 제품일 필요는 없습니다. 간편한 작업에 좋습니다.

휘퍼 재료를 섞을 때 스푼보다 빠르고 정확하게 섞어 줍니다. 크기별로 구비하여 양에 따라 사용하면 좋습니다. 베이스를 섞을 땐 크기가 큰 휘퍼를 사용하고, 음료를 섞을 때는 크기가 작아 컵에 들어갈 수 있는 것이 좋습니다. 사용 직후 바로 세척하세요.

깔때기 완성한 베이스를 병에 담아 보관할 때 필요합니다. 만약 깔때기가 없다면 종이포일을 고깔 모양으로 만들어 병 입구 크기에 맞게 잘라 사용합니다.

계량스푼 대부분 저울로 계량하지만 계량스푼을 사용해도 좋습니다. 계량스푼 크기에 따라 용량을 알아두면 편리하죠. 파우더류 계량 시에는 평평하게 윗면을 깎아야 정확한 계량이 가능해요.

인퓨저 허브나 차를 우릴 때 사용합니다. 스테인리스나 실리콘 소재의 인퓨저를 사용하면 좋고 간편히 다시팩을 활용해도 됩니다. 허브나 차 전용으로 쓰는 티필터도 쉽게 구매 가능해요.

스쿱 아이스크림을 양에 맞춰 둥글게 퍼야 할 때 스쿱을 사용합니다. 스쿱은 색마다 용량이 다르니 컬러별로 구비해두면 색만 보고도 쉽게 필요한 용량을 찾아 사용할 수 있습니다.

다채로운 컬러와 향의 과일 베이스

다양한 컬러감과 풍부한 맛, 과일베이스의 특징입니다. 일반적으로 음료의 맛은 당도나 산도로 변화를 주는데 과일베이스에 두 가지 모두 들어있죠. 쓴맛이 없어 남녀노소에게 다가가기 쉽고 흰색이나 무색, 갈색이 기본색인 음료에 붉은색, 노란색 등 여러 색을 입힐 수 있는 것도 과일베이스의 매력입니다. 과일로 베이스를 만들고 반나절 이상 실온에 두면 맛과 색에 변화가 생기니 주의하세요. 냉장보관도 길어지면 액체만 걸러 사용하는 게 좋아요. 종류에 따라 최장 3개월 내로 사용해야 합니다.

과일 종류별로 맛과 특징이 달라

과일은 크게 인과류, 준인과류, 핵과류, 장과류, 과채류로 나뉩니다. 사과나 배처럼 향이 적은 인과류는 다른 과일이나 채소, 시판 주스 등과 섞어 메뉴를 만들기에 좋습니다. 반면 복숭아, 자두, 매실, 체리 등의 핵과류는 설탕을 넣고 끓이면 점도가 높아져 음료로 만들기가 까다롭죠. 음료 베이스용으로는 감귤, 자몽, 오렌지, 레몬 등의 준인과류와 키위, 포도, 딸기, 블루베리 같은 장과류가 적당합니다. 산도가 강한 준인과류는 당도를 높여 맛의 밸런스를 맞추고, 강한 단맛의 장과류는 당도를 줄여 과일의 캐릭터를 살려요.

SECTION 1

Fruit Base
과일베이스

카페에서 가장 활용도 높은 베이스입니다. 다양한 컬러와 달콤한 향의 과일로 만들어 호불호가 적죠. 냉장이나 냉동으로 보관해두고 사용할 수 있어 계절에 구애받지 않고 즐기기 좋습니다. 다른 과일과의 매칭은 물론 채소나 커피, 차와 섞어도 중간 이상의 맛이 보장됩니다. 음료는 물론 베이킹, 요리 등 다방면에 활용 가능합니다.

CHERRY BASE
LEMON BASE
GRAPEFRUIT BASE
STRAWBERRY BASE
KIWI BASE
GREEN GRAPE BASE
WATERMELON BASE
APPLE BASE
BLUEBERRY BASE

CHERRY BASE
LEMON BASE
GRAPEFRUIT BASE
STRAWBERRY BASE
KIWI BASE
GREEN GRAPE BASE
WATERMELON BASE
APPLE BASE
BLUEBERRY BASE

체리베이스

냉장보관 1개월 / 냉동보관 2개월

요즘은 초록색 꼭지체리가 보일 정도로 구하기 쉬운 과일이죠. 하지만 체리로 베이스를 만들 때는 통조림 체리를 함께 활용하는 게 좋습니다. 우리가 인지하고 있는 체리의 맛과 실제 체리의 맛에 차이가 있기 때문이죠. 체리베이스용 통조림은 체리맛이 강한 아마레나체리 통조림이 알맞습니다. 체리 씨 제거가 불편하다면 과육만 들어있는 냉동 제품을 사용하고, 생체리를 대신할 장식용 체리가 필요할 때는 꼭지체리 통조림을 활용하세요. 음료와 디저트에 넣어도 체리 본연의 캐릭터가 유지되는 베이스입니다.

FRUIT BASE

→ **체리 고르는 방법**

수입산 과일인 체리는 봄에는 미국산이, 가을과 겨울에는 칠레산이 유통됩니다. 칠레산은 검은빛에 단맛이 강하고, 미국산은 붉은빛에 새콤달콤하죠. 체리는 알이 클수록 가격이 높은데, 반대로 맛은 알이 클수록 싱겁기 쉽습니다. 크기는 9 〉9.5 〉10 〉10.5 〉11 〉11.5로 나뉘며 숫자가 작을수록 과육이 큰 걸 의미합니다.

체리베이스

ASSEMBLE 용량 400g

체리 200g, 아마레나체리 통조림 100g, 설탕 200g, 레몬즙 50g

RECIPE

1. 체리는 세척해 반 갈라 과육을 서로 다른 방향으로 돌려 한쪽을 분리한 뒤 티스푼으로 씨를 제거한다.
2. 아마레나체리 통조림은 스푼으로 떠서 통조림 속 시럽도 함께 준비한다.
3. 레몬즙은 과육만 스퀴즈해 준비한다. 껍질까지 착즙한 레몬즙은 베이스에 사용하기에는 향이 너무 강하니 주의한다.
4. 볼에 모든 재료를 넣고 설탕이 반드시 다 녹을 때까지 섞는다.
5. 블렌더에 ④를 넣고 설탕 입자가 보이지 않을 때까지 곱게 간다.
6. 소독한 병에 담아 담아 냉장보관한다.

이렇게 활용해요!

⊕ 체리베이스는 산도가 강하지 않아 우유와 잘 섞여요.

⊕ 버터와 향 매치가 좋아 베이킹에 즐겨 사용해요.

⊕ 콜라 등의 가향탄산과 섞으면 유니크한 맛이 나요.

FRUIT BASE

마시는 체리맛 아이스크림
체리쉐이크 *Cool*

생체리가 없어도 체리맛 아이스크림 음료를 만들 수 있어요. 약간의 얼음을 넣으면 얼음의 질감도 살릴 수 있죠. 블루베리베이스 등 베리류의 베이스를 믹스해도 맛이 좋습니다. 맛이 강한 디저트보다는 플레인 식빵이나 스콘과 곁들여 즐겨요.

ASSEMBLE

Base
체리베이스 70g *P030 참고

Liquid
우유 80g, 얼음 80g

Point
바닐라아이스크림 170g,
체리베이스 1작은술

Garnish
꼭지체리 1개

RECIPE

1 블렌더에 얼음 > 바닐라아이스크림 > 우유 순으로 넣는다.
2 마지막에 체리베이스 70g을 넣고 얼음 알갱이가 모두 부서질 때까지 간다.
3 준비한 잔 바닥에 체리베이스 1작은술을 넣는다.
4 ②의 쉐이크를 ③에 붓는다.
5 꼭지가 달린 체리를 올려 장식한다.

TIP | **부드러운 질감의 쉐이크 만들기**

쉐이크를 부드럽게 즐기고 싶다면 블렌더로 갈 때 고속으로 시작해서 중속으로 줄이고 저속에서 마무리하세요. 시간 분배는 저속을 늘리는 게 좋아요.

1 SECTION

달콤한 리프레시 음료
아마레나체리에이드 *Cool*

달콤한 체리에 톡 쏘는 탄산을 더한 체리에이드! 마시는 순간 휴양지에 있는 느낌이 드는 음료입니다. 체리베이스와 닥터페퍼를 매칭하면 체리의 맛이 더욱 살지요. 일반적인 시트러스류의 에이드보다 맛이 묵직해 사계절 내내 즐기기 좋습니다. 탄산음료는 미리 냉장고에 넣어 차갑게 준비해요.

ASSEMBLE

Base
체리베이스 70g *P030 참고

Liquid
닥터페퍼 200ml, 얼음 1/2컵

Garnish
꼭지체리 1개, 로즈마리 1줄기

RECIPE

1 넉넉한 크기의 유리잔에 체리베이스를 넣는다.
2 그 위에 얼음을 깔듯이 넣고, 차갑게 준비한 닥터페퍼를 붓는다.
3 음료 위에 꼭지가 달린 체리를 장식한다.
4 로즈마리 등의 허브를 올려 완성한다.

TIP **탄산음료는 닥터페퍼가 제격**
체리에이드에는 콜라, 소다 등의 탄산음료나 탄산수를 넣어도 좋지만, 체리 맛을 더욱 살리고 싶다면 닥터페퍼가 제격이죠. 독특한 체리의 맛이 더욱 부각됩니다.

FRUIT BASE

FRUIT BASE

체리향 허브티로 향과 맛이 두 배
체리차 *Hot*

향긋한 체리를 따뜻하게 즐기는 음료입니다. 뜨거운 물만 부어 마셔도 좋지만 체리향이 나는 허브티를 우려 만들면 맛과 향이 더욱 좋아져요. 햇볕은 따스하지만 바람은 차가운 날에 추천합니다. 살짝 짠맛이 도는 세이보리 디저트와 즐겨보세요.

ASSEMBLE

Base
체리베이스 70g *P030 참고*

Liquid
뜨거운 물 300ml

Point
와일드체리허브티 3g

Garnish
식용꽃 1~2개

RECIPE

1 뜨거운 물 300ml에 와일드체리허브티를 넣고 4분간 우린다.

2 차를 우리는 동안 준비한 잔에 뜨거운 물을 부어 예열한다.

3 예열한 잔에 체리베이스를 넣고 ①의 우린 체리허브티를 거름망에 걸러 1/2 분량만 붓고 젓는다.

4 남은 체리허브티를 모두 부어 젓는다.

5 식용꽃을 장식해 완성한다.

TIP **허브티 맛있게 우리는 법**

허브티는 우리는 시간을 약간 늘려주세요. 일반 티는 3분, 허브티는 4~5분 우립니다. 물의 온도는 80~90℃가 적당하며 겨울에는 95℃ 이상의 끓는 물로 우리는 게 따뜻한 온도를 유지하는 방법입니다.

1 SECTION

쫀득한 체리향의 디저트
체리피낭시에 *Dessert*

반죽에 체리베이스를 넣어 팬닝한 후 윗면에도 체리베이스를 살짝 발라 구운 체리피낭시에입니다. 바삭한 피낭시에도 좋지만 하루이틀 밀폐보관하면 촉촉하고 쫀득한 피낭시에를 맛볼 수 있습니다. 뜨거운 아메리카노나 스팀밀크와 어울려요.

ASSEMBLE

Base
체리베이스 100g *P030 참고

Liquid & Powder
버터 600g, 달걀흰자 500g, 박력분 330g, 아몬드가루 330g, 소금 4g

Point
바닐라빈 1/2줄, 설탕 500g

Garnish
체리 조각 약간, 체리베이스 1/2작은술

RECIPE

1 냄비에 버터를 넣고 센불에서 갈색이 될 때까지 태운다.
2 준비한 설탕에 바닐라빈을 긁어 넣고 골고루 섞는다.
3 ②에 달걀흰자를 넣어 거품이 나지 않도록 잘 푼다.
4 ③에 박력분, 아몬드가루, 소금을 함께 체쳐 넣고 주걱으로 섞는다.
5 갈색으로 태운 버터가 60~65℃로 식으면 거름망에 걸러 ④에 섞는다.
6 체리베이스를 섞어 짤주머니에 담아 냉장실에서 2시간 휴지시킨다.
7 휴지시킨 반죽을 실온에 30분간 두었다가 피낭시에 틀에 70~80% 팬닝한다.
8 그 위에 체리 조각을 올리고 체리베이스 1/2작은술을 반죽 윗면에 펴바른다.
9 190℃로 예열한 오븐에서 15분간 구워 식힘망에서 완전히 식힌 후 밀폐용기에 보관한다.

TIP | **오븐 사양에 따라 굽는 시간 조절**
집집마다 오븐 사양이 다르므로 굽는 시간도 조금씩 달라집니다. 오븐을 170~190℃로 예열해 15~20분간 구워요.

FRUIT BASE

1 SECTION

FRUIT BASE

CHERRY BASE
LEMON BASE
GRAPEFRUIT BASE
STRAWBERRY BASE
KIWI BASE
GREEN GRAPE BASE
WATERMELON BASE
APPLE BASE
BLUEBERRY BASE

레몬베이스

냉장보관 3개월 / 냉동보관 6개월

카페에서 가장 많이 쓰이는 과일은 레몬이 아닐까요? 겨울 제철인 제주 레몬 외에도 사시사철 구하기 쉽고, 다른 베이스에 비해 냉장 보관기간도 깁니다. 레몬베이스는 산도와 향이 뛰어나 적은 양으로도 큰 효과를 낼 수 있어 음료에 조금씩만 첨가해도 과일의 맛을 살려주죠. 레몬향이 응축되어 있는 껍질을 가공하므로 세척에 신경써야 해요. 과일 전용세제로 세척해 흐르는 물로 충분히 헹군 후 쓴맛이 몰려 있는 앞뒤 꼭지 쪽은 제거해 사용합니다. 향과 맛, 색의 밸런스를 이룬 레몬베이스를 소개합니다.

1 SECTION

레몬 고르는 방법

꼭지가 시들지 않고 표면이 노란 연둣빛이 도는 걸 고르세요. 만져봤을 때 단단해야 껍질에서 양질의 향을 얻을 수 있습니다. 최근 제주산 레몬 생산량이 많아져 수입산을 사용하지 않아도 되죠. 씨를 빼내는 작업이 불편하다면 씨가 없는 레몬을 구입하는 것도 방법이에요.

레몬베이스

ASSEMBLE 용량 1kg

레몬 착즙 원액 500g, 설탕 600g, 물 300ml

RECIPE

1 레몬은 과일 전용 세정제로 깨끗이 세척해 흐르는 물로 여러 번 헹군다.
2 레몬의 앞뒤를 1cm가량 잘라 제거한 후 과육만 8~12등분으로 깍둑썬다.
3 착즙기에 껍질째 넣고 즙을 내어 레몬 착즙 원액을 준비한다.
4 팬에 물을 붓고 끓으면 중불에서 설탕을 넣어 녹인다.
5 설탕이 완전히 다 녹으면 ③의 레몬 착즙 원액을 넣고 저은 후 불을 끈다.
6 그대로 상온에 두고 한나절 식혔다가 거름망에 걸러 소독한 병에 담아 냉장보관한다.

이렇게 활용해요!

⊕ 레몬은 산도가 높아 캐릭터가 확실한 음료를 만들 때 유용해요.
⊕ 산도가 약한 베이스를 만들 때 넣으면 밸런스가 잡혀요.
⊕ 슈거파우더를 조금 더 섞어 글레이즈를 만들어도 좋아요.

FRUIT BASE

청량한 여름 음료
시소레몬에이드 *Cool*

향이 강한 시소는 보통 요리 장식용으로 사용되지만 레몬이 들어간 음료에 매칭하면 훌륭한 포인트가 되죠. 특히 식후에 마시면 소화도 돕고 입안을 청량하게 만듭니다. 레시피에는 레몬향 탄산수와 매칭했는데 플레인이나 라임향 탄산수와도 어울려요.

ASSEMBLE

Base
레몬베이스 40g *P042 참고

Liquid
레몬향 탄산수 200ml, 얼음 1/2컵

Point
시소잎 1장

Garnish
시소잎 1~2장

RECIPE

1. 시소잎은 찬물에 가볍게 세척한다.
2. 손바닥에 시소잎 1장을 올려고 으깨듯 찢어 누른다.
3. 준비한 잔에 레몬베이스와 으깬 시소잎을 넣고 골고루 섞는다.
4. 장식용으로 준비한 시소잎 한쪽에 물을 뿌려 ③의 잔 내벽에 붙인다.
5. 장식용 시소잎이 떨어지지 않게 조심히 얼음을 넣고 레몬향 탄산수를 부어 섞는다.
6. 시소잎을 장식해 완성한다.

TIP 시들기 쉬운 시소잎 보관요령

깻잎보다 작고 얇은 시소잎은 금세 시들기 쉬워요. 냉장 온도가 조금만 낮아도 잎이 얼어버리죠. 티슈나 키친타월을 시소잎 크기로 잘라 밀폐용기에 시소잎과 한 장씩 켜켜이 담아 냉장보관해요.

1 SECTION

레몬과 펜넬의 어우러짐
펜넬레몬차 *Hot*

다이어트로 유명한 허브인 펜넬은 마시기 쉬운 차는 아닙니다. 잔뜩 사놓고 서랍에 고이 모셔둔 펜넬티가 있다면 레몬베이스와 섞어 따뜻하게 즐겨보세요. 구취 억제는 물론 위장 건강에도 도움이 됩니다. 다만 과다 섭취 시 호르몬에 영향을 줄 수 있으니 장복은 피하세요.

ASSEMBLE

Base
레몬베이스 40g *P042 참고*

Liquid
뜨거운 물 250ml

Point
펜넬티백 1개(2g)

Garnish
레몬 슬라이스 1개

RECIPE

1 뜨거운 물 250ml에 펜넬티백을 넣고 4분간 우린다.

2 차를 우리는 동안 준비한 잔에 뜨거운 물을 부어 예열한다.

3 예열한 잔에 레몬베이스를 넣고 ①의 우린 펜넬티 1/2 분량을 부어 젓는다.

4 남은 펜넬티를 모두 붓고 젓는다.

5 레몬 슬라이스를 띄우듯 장식해 완성한다.

TIP **허브티 보관하기**

평소 잎차를 즐긴다면 보관에 좀 더 신경써야 해요. 허브는 생각보다 벌레가 잘 생기므로 유리병이나 투명한 밀폐용기에 실리카겔과 함께 넣고 살펴주세요. 유통기한은 대부분 2년 정도지만, 색이 선명한 허브는 빛에 오래 노출되면 색이 바랠 수 있어요.

FRUIT BASE

FRUIT BASE

레몬그라스로 향도 업!

레몬콕 *Cool*

요즘은 프레시한 레몬그라스를 손쉽게 구할 수 있죠. 콜라에 레몬베이스를 조금 넣고 레몬그라스를 스틱 삼아 저어 드세요! 리프레시 음료로 최고랍니다. 생레몬그라스가 부담스럽다면 레몬그라스허브티백을 뜨거운 물에 살짝 적신 후 음료에 넣어 완성해요.

ASSEMBLE

Base
레몬베이스 30g *P042 참고

Liquid
콜라 250ml, 얼음 1/2컵

Point
레몬그라스 1개

Garnish
레몬 슬라이스 1개

RECIPE

1 레몬그라스는 향이 잘 퍼지도록 칼등으로 아랫부분을 살짝 눌러 으깬다.

2 준비한 보틀이나 잔에 레몬베이스를 넣고 콜라 1/2 분량을 부어 섞는다.

3 얼음을 채우고 남은 콜라를 붓는다.

4 ①의 레몬그라스를 꽂고 잘 젓는다.

5 레몬 슬라이스를 음료 위에 띄워 완성한다.

TIP	**먹다 남은 탄산음료는 거꾸로 세워 두기**
	음료 제조에 사용하는 콜라는 코카콜라를 기본으로 합니다. 주로 250ml 용량의 캔을 사용하는데, 만약 큰 사이즈를 구입해 사용 후 남았다면 뚜껑을 꽉 닫고 거꾸로 세워 보관하세요. 탄산을 조금이라도 살릴 수 있어요.

1 SECTION

레몬과 버터가 만들어내는 향긋함

레몬마들렌 *Dessert*

레몬베이스가 있다면 마들렌을 구워야죠! 향긋한 레몬향과 부드러운 버터의 조합이 기분까지 살려줘요. 한 번 만들면 일주일간 실온보관이 가능해 선물용으로도 적당합니다. 마들렌을 만들어 홍차에 적셔 맛보는 시간을 꼭 가져보세요.

ASSEMBLE

Base
레몬베이스 20g *P042참고

Liquid & Powder
버터 80g, 달걀 2개, 박력분 90g,
베이킹파우더 3g, 소금 1꼬집

Point
레몬제스트 5g, 설탕 80g

RECIPE

1 잘 씻은 레몬 껍질을 제스터로 갈아 레몬제스트 5g을 준비해 분량의 설탕과 섞는다.

2 분량의 버터를 전자레인지에 녹인다.

3 볼에 ①의 레몬설탕과 레몬베이스, 소금을 넣고 달걀을 체에 한 번 걸러 넣어 거품이 나지 않게 섞는다.

4 ③에 박력분과 베이킹파우더를 체쳐 넣어 섞는다.

5 미리 준비해둔 ②의 녹인 버터를 넣고 골고루 섞어 반죽을 완성한다.

6 짤주머니에 반죽을 담아 냉장실에서 3시간 이상 휴지시킨다.

7 마들렌 틀에 녹인 버터를 얇게 발라 코팅한 후 휴지시킨 반죽을 80% 팬닝한다.

8 180℃로 예열한 오븐에서 11~13분간 굽는다.

TIP 마들렌 색 고르게 굽는 법
오븐에서 마들렌을 구울 때 팬을 꺼내 방향을 바꿔 구워주면 구움색을 일정하게 낼 수 있어요. 굽기 시작해 7~8분 후가 적당한 타이밍이에요.

FRUIT BASE

FRUIT BASE

CHERRY BASE
LEMON BASE
GRAPEFRUIT BASE
STRAWBERRY BASE
KIWI BASE
GREEN GRAPE BASE
WATERMELON BASE
APPLE BASE
BLUEBERRY BASE

자몽베이스

냉장보관 1개월 / 냉동보관 2개월

달콤쌉쌀한 맛의 자몽은 입안을 깔끔하고 향긋하게 해주죠. 호불호 없는 쿨&핫 메뉴를 만들 수 있는 과일입니다. 수입과일이라 계절의 영향을 받지는 않지만 과일 자체에 수분이 많아 보관기간이 길지 않습니다. 베이스도 조금씩 자주 만들어 쓰길 권해요. 소개하는 레시피는 약간의 자몽 농축액을 섞어 맛을 보강하고, 히비스커스를 추가해 산도와 컬러감을 올린 버전입니다. 색다른 퀄리티의 베이스를 만들어 활용해보세요.

1 SECTION

54

FRUIT BASE

→ **자몽 고르는 방법**

요즘은 일년 내내 자몽을 즐길 수 있죠. 겨울에서 봄까지는 미국산 자몽인 루비레드, 봄에서 다시 겨울까지는 이스라엘 자몽인 스타루비 구입이 가능합니다. 루비레드보다 스타루비가 더 붉은 과육을 가지고 있죠. 껍질이 단단하고 손으로 들었을 때 무게감이 있는 자몽을 구입하세요.

자몽베이스

ASSEMBLE 용량 750g

자몽 착즙 원액 500g, 자몽 농축액 100g, 설탕 400g, 히비스커스 10g, 뜨거운 물 100ml

RECIPE

1. 가볍게 세척한 자몽을 가로로 반 자른다.
2. 스퀴저를 활용해 자몽 착즙 원액을 준비한다.
3. 히비스커스를 다시백에 넣어 뜨거운 물 100ml에 30초 정도 불리듯 담갔다가 바로 뺀다. 이 과정을 거쳐야 히비스커스 다시백을 자몽 착즙 원액에 넣었을 때 색이 잘 우러난다. 히비스커스를 우린 물은 사용하지 않는다.
4. ②에 설탕을 부어 녹을 때까지 섞는다.
5. 설탕이 녹으면 ③의 히비스커스 다시백을 넣어 반나절 동안 우린다.
6. 다시백을 꼭 짜서 제거한 뒤 자몽 농축액을 넣고 한 번 섞어 소독한 병에 담아 냉장보관한다.

이렇게 활용해요!

⊕ 향과 맛, 색의 밸런스로 어떤 리큐드에 희석해도 결과가 좋아요.
⊕ 알맹이가 많으니 흔들어 사용해야 해요.
⊕ 리큐드와 섞은 후 잘 저어야 베이스가 잔 아래로 내려가요.

FRUIT BASE

달콤한 피로회복제

꿀몽차 *Hot*

몸살 기운이 있는 날에는 따뜻하게 예열한 머그잔에 팔팔 끓인 뜨거운 꿀몽차 한 잔을 준비해요. 피로회복제가 따로 없죠. 꿀 알러지가 있다면 꿀 대신 아가베시럽을 넣어도 좋아요. 짭짤한 메뉴와 매칭하면 더 맛나요.

ASSEMBLE

Base
자몽베이스 60g *P054 참고

Liquid
아주 뜨거운 물 220ml

Point
꿀 20g, 자몽 슬라이스 1개

Garnish
타임 1줄기

RECIPE

1. 준비한 유리잔에 뜨거운 물을 부어 예열한다.
2. 예열한 잔에 자몽베이스와 꿀을 넣고 골고루 섞는다.
3. 자몽 슬라이스를 넣고 스푼으로 으깨듯 섞는다.
4. 95℃ 이상의 아주 뜨거운 물 220ml를 부어 섞는다.
5. 자몽의 향과 맛이 충분히 우러나도록 2분간 둔다.
6. 마시기 직전에 타임 등의 허브로 장식한다.

TIP | 자몽 장식 만들기

자몽을 얇게 썰어 말리면 장식용으로 사용하기 좋아요. 40~50℃의 온도에서 수분이 날릴 정도로 반건조합니다. 너무 바짝 말리면 부러지기 쉬워요. 냉장 또는 냉동보관해 사용해요.

1 SECTION

자몽과 허브, 그리고 꿀

자허블 *Cool*

자몽과 홍차를 섞은 음료입니다. 꿀을 넣어 풍미를 높였죠. 단맛은 자몽베이스로 내고 꿀은 적은 양으로 향만 더하는 게 좋아요. 과일이나 초콜릿 등 여러 가지 향의 가향홍차는 어울리지 않아요.

ASSEMBLE

Base
자몽베이스 40g *P054 참고

Liquid
뜨거운 물 200ml, 얼음 1/2컵

Point
홍차티백 1개(2g), 꿀 10g

Garnish
자몽 슬라이스 1개, 허브 약간

RECIPE

1. 뜨거운 물에 홍차티백을 넣고 4분간 우려 식힌다.
2. 준비한 잔에 자몽베이스와 꿀을 넣고 섞는다.
3. ②에 얼음을 담고 차갑게 식힌 홍차를 두 번 나누어 부어가며 잘 섞는다.
4. 자몽 슬라이스는 반달모양으로 잘라 넣고 허브로 장식한다.

TIP | 자허블에는 가향홍차는 피해야
과일베이스는 향이 두드러지는 가향홍차보다는 싱글이나 블렌디드홍차가 어울려요. 아쌈이나 잉글리시브렉퍼스트를 추천합니다. 개성이 강한 다즐링은 피해주세요.

FRUIT BASE

FRUIT BASE

다이내믹 레드 음료

오몽에이드 *Cool*

오미자를 활용해 붉은 자몽에이드를 만들어요. 오미자의 다채로운 맛이 자몽의 쌉쌀함을 잊게 해주죠. 건오미자를 자몽베이스에 우리면 오미자시럽의 단맛과는 완벽히 다른 맛을 냅니다. 갈증이 심한 날, 적극 추천하는 음료예요.

ASSEMBLE

Base
자몽베이스 70g *P054 참고

Liquid
탄산수 250ml, 얼음 1/2컵

Point
오미자 3g

Garnish
산딸기 또는 라즈베리 5~6개,
허브 약간

RECIPE

1 오미자를 뜨거운 물로 한 번 헹구듯 씻는다.
2 준비한 잔에 자몽베이스와 오미자를 함께 넣어 1시간 이상 우린다.
3 ②에서 오미자를 건져내고, 얼음을 채운다.
4 얼음 사이사이에 산딸기 또는 라즈베리를 넣어 장식한다.
5 마지막 단계에서 탄산수를 부어 마무리한다.
6 취향에 맞는 허브로 장식한다.

TIP **산딸기와 라즈베리의 차이점**

산딸기와 라즈베리는 모두 장미목 장미과 산딸기속에 속하는 열매입니다. 흔히 생과는 국내산으로 산딸기, 냉동품은 유럽산으로 라즈베리로 불리죠. 단맛은 산딸기가 더 높고, 향은 라즈베리가 강한 편입니다.

1 SECTION

자몽과 허브, 그리고 꿀

자몽드레싱 *Dessert*

상큼한 자몽으로 샐러드드레싱을 만들어요. 뻔한 채소만으로도 맛의 볼륨감을 살릴 수 있답니다. 자몽과 꿀, 닭가슴살을 곁들인 샐러드와도 잘 어울리죠. 서너 번 먹을 만큼만 만들어 드시기를 권해요.

ASSEMBLE

Base
자몽베이스 100g *P054 참고

Liquid
포도씨유 40g, 식초 10g

Point
양파 20g, 후춧가루 1꼬집

RECIPE

1 양파를 잘게 다져 차가운 물에 10분간 담가 매운맛을 제거한다.
2 볼에 자몽베이스와 ①의 다진 양파를 넣고 섞는다.
3 ②에 포도씨유와 식초를 넣고 골고루 섞는다.
4 마지막 단계에서 후춧가루를 섞어 완성한다.
5 소독한 용기에 담아 냉장보관해두고 흔들어 사용한다.

TIP | **담백한 재료와 매칭하기**

자몽드레싱은 리코타치즈처럼 담백한 맛의 재료와도 잘 어울려요. 양상추 외에 버터헤드레터스, 카이피라, 이자트릭스, 프릴아이스 등 다양한 풍미와 식감의 채소도 곁들여보세요.

FRUIT BASE

1 SECTION

CHERRY BASE
LEMON BASE
GRAPEFRUIT BASE
STRAWBERRY BASE
KIWI BASE
GREEN GRAPE BASE
WATERMELON BASE
APPLE BASE
BLUEBERRY BASE

딸기베이스

냉장보관 2주 / 냉동보관 1개월

새콤달콤한 맛에 향도 좋아 어떤 메뉴를 만들어도 실패할 확률이 적은 과일 베이스입니다. 딸기의 비타민은 수용성이므로 오래 세척하지 않는 게 중요해요. 꼭지 제거 후 흐르는 물에 가볍게 세척합니다. 11월부터 5월까지는 생과일로, 그 이후에는 냉동제품으로 베이스를 만들어두고 사계절 내내 사용해요. 딸기는 갈지 말고 으깨야 맛도 좋고 섬유질을 그대로 섭취할 수 있습니다. 초겨울부터 늦봄까지 조금씩 달라지는 딸기의 맛에 맞추어 조금씩 달라지는 베이스 레시피도 소개합니다.

→ **딸기 고르는 방법**

겨울부터 늦봄까지 제철인 딸기는 첫 수확시기인 11~1월 사이가 가장 비싸지만 맛이 좋을 때입니다. 금실, 설향, 육보, 장희 등 여러 품종이 있는데, 베이스용으로는 단단하고 당도가 높은 '설향'을 추천해요.

딸기베이스

ASSEMBLE 용량 500g

딸기 과육 500g, 딸기레진 10g, 설탕 200g

RECIPE

1. 딸기는 꼭지의 흰 부분과 잎을 제거해 과육만 준비한다.
2. 물로 가볍게 세척한 뒤 가볍게 털어 수분을 제거한다.
3. 포테이토 매셔를 이용해 딸기의 건더기가 없어질 때까지 으깬다. 갈면 맛이 떨어진다.
4. 냄비에 으깬 딸기와 설탕을 잘 섞어 넣고 끓어오를 때까지 가열한다. 부풀어오르며 넘칠 수 있으니 넉넉한 크기의 냄비로 준비한다.
5. ④를 차갑게 식혀 분량의 딸기레진과 섞는다. 이때 딸기레진의 양을 반드시 지킨다.
6. 소독한 병에 담아 냉장보관한다.

이렇게 활용해요!

⊕ 새콤한 맛이지만 우유와도 잘 어울려요.
⊕ 딸기는 갈지 말고 반드시 으깨어 섞어 사용해요.
⊕ 딸기의 맛이 덜 들었다면 딸기레진의 양을 5g씩 늘려줘요.

FRUIT BASE

비건도 함께 즐기는
딸기스무디 *Cool*

우유가 들어가지 않은 스무디로 비건도 즐길 수 있는 메뉴예요. 냉동 딸기로 만들어도 맛의 차이가 크지 않아 사계절 내내 즐길 수 있죠. 레몬을 약간 더하면 더운 여름날, 차가운 소르베를 마시는 듯한 만족감을 줍니다.

ASSEMBLE

Base
딸기베이스 100g *P066 참고

Liquid
물 30ml, 얼음 120g

Point
딸기 100g

Garnish
딸기 슬라이스 4~5개

RECIPE

1. 블렌더에 분량의 얼음을 넣는다.
2. 그 위에 딸기, 딸기베이스, 물을 넣는다.
3. 블렌더를 고속으로 돌리다 저속으로 마무리해 고운 질감의 스무디를 만든다.
4. 준비한 잔의 내벽에 딸기 슬라이스를 붙여 장식한다.
5. 딸기 슬라이스 장식이 떨어지지 않도록 ③의 스무디를 조심히 붓는다.

TIP | 냉동 딸기로 스무디 만들기

냉동 딸기로 딸기스무디를 만들 때는 약간의 레시피 조절이 필요해요. 딸기베이스와 물은 동량으로 100g씩 넣고 얼음 60g과 냉동 딸기 90g을 준비하세요.

1 SECTION

겨울 시즌 부동의 1위 메뉴
딸기우유 *Cool*

제가 운영 중인 카페에서 몇 년째 겨울 시즌 부동의 1위를 차지하고 있는 메뉴입니다. 냉장실에 딸기베이스만 있다면 누구라도 쉽게 만들 수 있죠. 병입 음료로, 잔으로 즐겨보세요.

ASSEMBLE

Base
딸기베이스 80g *P066 참고

Liquid
차가운 우유 220ml, 잔음료 얼음 약간

Garnish
잔음료 딸기토핑(딸기 슬라이스 1~2개, 설탕 약간)

RECIPE

1. 분량의 딸기베이스를 준비한 병이나 잔에 먼저 채운다.
2. 병이 아닌 잔에 즐긴다면 이 단계에서 얼음을 채운다.
3. 딸기베이스의 층이 흐트러지지 않도록 차가운 우유를 천천히 붓는다.
4. 마시기 직전에 스트로로 젓거나 충분히 흔들어 섞는다.
5. 잔으로 즐긴다면 딸기 슬라이스 1~2개에 약간의 설탕을 뿌려 토핑처럼 올린다.

TIP | **병입 우유는 토핑 생략**
병입 우유에 딸기토핑을 넣으면 시간이 흐르면서 맛이 빠져 밍밍한 느낌이 나죠. 딸기 토핑은 즉석에서 제조한 잔 음료에 넣어요. 딸기 슬라이스에 약간의 설탕을 뿌려야 우유와 겉돌지 않아요.

FRUIT BASE

달콤쌉쌀한 베리에이션 음료
스트로베리말차버블티 *Cool*

딸기와 잘 어울리는 베리에이션 티는 단연 말차입니다. 미국의 한 말차카페에서 딸기와 말차를 섞은 버블티가 유행하면서 딸기, 말차, 우유로 만든 다양한 메뉴가 선보이기 시작했죠. 우유를 아몬드밀크로 대체하면 비건식으로 즐길 수 있어요.

ASSEMBLE

Base
딸기베이스 80g *P066 참고*

Liquid
뜨거운 물 80ml, 우유 250ml, 얼음 1/2컵

Point
말차 5g

Garnish
냉동 타피오카펄 65g

RECIPE

1. 전자레인지에 냉동 타피오카펄을 넣어 말랑말랑한 상태로 만든다. 제품마다 시간이 다를 수 있으니 확인한다.
2. 뜨거운 물에 말차를 넣고 뭉침 없이 잘 섞어 말차샷을 준비한다. 고운 말차샷을 원하면 거름망에 한 번 거른다.
3. 준비한 잔에 ①의 타피오카펄과 딸기베이스를 넣고 섞는다.
4. ③에 얼음을 채우고 분량의 우유를 붓는다.
5. 말차샷을 음료 상단에 조심히 부어 마시기 직전에 섞는다.

TIP | **타피오카펄에 흑당향 입히기**
타피오카펄의 맛과 향을 강조하고 싶다면 전자레인지로 조리한 타피오카펄에 약간의 흑당시럽을 섞어요. 버블티 전문점에서 맛보던 그 맛이 나요.

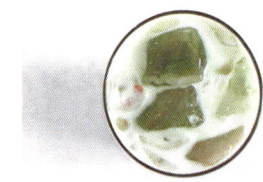

1 SECTION

브런치 속 '엣지' 아이템

딸기크림치즈 *Dessert*

딸기베이스를 만들었다면 특별한 디저트 플레이버에 도전하세요. 플레인 크림치즈에 딸기베이스만 섞어도 핫한 메뉴가 완성됩니다. 식빵이나 베이글과 함께 내면 주말 브런치나 간식으로 안성맞춤입니다. 혼자 즐기기 아까워요.

ASSEMBLE

Base
딸기베이스 60g *P066 참고

Liquid
플레인 크림치즈 220g

Point
슈거파우더 20g

RECIPE

1 플레인 크림치즈는 실온에 두어 말랑말랑한 상태로 만든다.
2 볼에 크림치즈를 넣고 주걱으로 부드럽게 푼다.
3 슈거파우더를 넣고 크림치즈와 섞어 크림 타입으로 만든다.
4 ③에 딸기베이스를 섞어 딸기크림치즈를 완성한다.
5 준비한 빵을 토스트해 함께 곁들인다.

TIP | 크림치즈 보관법

크림치즈는 보관기간이 아주 짧습니다. 밀폐용기에 담아 냉장보관해 일주일 안에 소진하세요. 이때 랩핑도 잊지 마세요. 치즈 표면에 랩을 밀착시켜 붙여야 산소와의 접촉면도 줄어 곰팡이가 생기지 않아요.

FRUIT BASE

1 SECTION

CHERRY BASE
LEMON BASE
GRAPEFRUIT BASE
STRAWBERRY BASE
KIWI BASE
GREEN GRAPE BASE
WATERMELON BASE
APPLE BASE
BLUEBERRY BASE

키위베이스

냉장보관 2개월 / 냉동보관 4개월

붉은색이 대부분인 과일음료에 그리니시한 컬러감을 주고 싶다면 키위를 활용하세요. 음료용 키위는 단단한 그린키위가 적합하며, 국내산부터 수입산까지 선택의 폭이 넓습니다. 키위베이스는 키위의 흰 부분을 최대한 제거하고 초록색 과육으로만 만들어야 맛도 색도 좋습니다. 키위에 레몬즙을 섞으면 산도를 높여주는 동시에 초록색의 색감을 더 유지시켜주는데, 이때 레몬즙은 반드시 시판 제품을 사용합니다. 생레몬즙을 사용하면 강한 레몬의 향이 키위베이스 본연의 맛을 떨어트릴 수 있기 때문이죠. 개별 음료 메뉴를 만들 때는 프레시한 생레몬즙을 이용하는 게 좋아요.

→ **키위 고르는 방법**

키위는 골드와 그린으로 나뉘는데, 음료용으로는 단단하고 신선한 그린키위를 선호합니다. 보통 품질과 크기가 일정한 제스프리사의 그린키위를 사용하며, 점보 사이즈의 키위를 선택하면 만드는 시간을 줄일 수 있습니다. 키위가 단단할 때는 감자칼로 껍질을 제거한 후 사용해요.

키위베이스

ASSEMBLE 용량 750g

그린키위 과육 500g, 시판 레몬즙 50g, 설탕 500g

RECIPE

1 그린키위의 껍질을 벗긴다. 표면이 너무 딱딱하면 감자칼을 이용한다.
2 키위는 길게 4등분해 흰색 심 부분을 최대한 제거한 후 씨앗 부분은 칼로 도려내 따로 모아둔다.
3 ②의 초록색 과육에 시판 레몬즙을 넣고 덩어리가 10% 정도 남을 때까지 고속으로 간다.
4 ②의 도려낸 씨앗 부분은 분량의 설탕을 넣어 버무리듯 으깬다.
5 각각 준비한 ③과 ④를 섞는다.
6 소독한 병에 담아 냉장보관한다.

이렇게 활용해요!

⊕ 산뜻한 컬러감으로 여름 음료 베이스로 적합해요.
⊕ 베이스에 씨앗이 포함되어 있으니 잘 섞어 사용해요.
⊕ 씨앗이 부족하다고 느껴지면 치아씨드 또는 바질씨드 10g을 첨가해요.

FRUIT BASE

초록빛 가득한 비타민

키위비타파워 *Cool*

비타민이 많은 키위에 상큼한 레몬즙과 항산화 성분이 강한 말차를 더해 활력 메뉴를 만들어요. 활기가 떨어지는 간절기에 추천하는 음료랍니다. 말차로 만든 음료는 말차 속 카테킨 성분으로 속이 쓰릴 수 있으니, 공복에 마시는 건 피하세요.

ASSEMBLE

Base
키위베이스 80g *P078 참고

Liquid
물 220ml, 얼음 1/2컵

Point
말차 5g, 레몬즙 20g

Garnish
레몬 슬라이스 1개

RECIPE

1 준비한 잔에 키위베이스를 담는다.
2 다른 볼에 말차와 레몬즙을 넣고 덩어리지지 않게 잘 갠다.
3 ②에 물을 붓고 잘 섞는다.
4 ①의 잔에 얼음을 가득 채우고 ③을 붓는다.
5 레몬 슬라이스를 장식해 마무리한다.

TIP 다양한 논카페인 재료 활용하기

말차의 카페인 성분이 부담스럽다면 비슷한 느낌의 논카페인 파우더로 대체하세요. 멀베리잎으로 알려진 뽕잎가루나 씁쌀한 맛의 케일가루 또는 시금치가루도 추천합니다. 용량은 5~10g 정도가 적당해요.

1 SECTION

키위와 홍차, 아이스크림의 매칭
키위홍차아이스티 *Cool*

키위향 홍차를 차갑게 식혀 아이스크림과 녹여 마시는 음료예요. 마치 한 잔의 디저트 같죠. 아이스크림이 녹으면서 키위베이스가 가미된 홍차와 어우러져 마일드한 밀크티 맛이 납니다. 키위홍차는 대부분 딸기향도 함께 블렌딩되어 있어 향이 프레시해요.

ASSEMBLE

Base
키위베이스 60g *P078 참고

Liquid
뜨거운 물 200ml, 얼음 2/3컵

Point
키위홍차티백 1개(2g),
바닐라아이스크림 1스쿱

Garnish
허브잎 1~2장

RECIPE

1 뜨거운 물에 키위홍차티백을 넣어 5분간 우려 차갑게 식힌다.
2 준비한 잔에 키위베이스를 담고 얼음을 가득 채운다.
3 ②에 차갑게 식힌 키위홍차를 붓는다.
4 음료 상단에 바닐라아이스크림을 올린다.
5 허브잎으로 장식해 완성한다.

TIP | **딸기향, 사과향과도 어울려**

키위홍차가 없을 때는 딸기향이나 사과향이 가향된 홍차를 매칭해도 좋아요. 평소 가향홍차를 즐기지 않는다면 잉글리시브렉퍼스트나 아쌈처럼 싱글오리진 홍차를 진하게 만들어 즐겨요.

FRUIT BASE

채소주스로 가는 첫 걸음
키위루꼴라주스 *Cool*

그린주스에 대한 관심이 높아지는 요즘입니다. 하지만 막상 초록색 채소주스를 마시려니 풋내가 나고 씁쓸한 맛에 더 이상 찾지 않게 되죠. 이때 키위베이스를 활용해보세요. 생각보다 맛이 좋아 몇 번이고 찾게 될 거예요.

ASSEMBLE

Base
키위베이스 80g *P078 참고

Liquid
물 250ml, 얼음 1/2컵

Point
루꼴라 20g, 라임즙 10g

Garnish
라임 슬라이스 1개

RECIPE

1. 루꼴라는 3cm 길이로 자르고, 라임을 즉석에서 착즙해 준비한다.
2. 블렌더에 루꼴라, 라임즙, 물을 넣고 간다.
3. 루꼴라가 곱게 갈리면 키위베이스를 추가한다.
4. 블렌더의 순간 동작을 이용해 키위베이스를 잘 섞는다.
5. 준비한 잔에 얼음을 채우고 ④를 붓는다.
6. 라임 슬라이스를 올려 장식한다.

TIP | **키위와 궁합이 좋은 루꼴라**

씁쓸하면서도 약간 매운맛이 나는 루꼴라는 이탈리아 요리에 즐겨 사용되는 채소예요. 모양이 닮았다 하여 '로켓'으로도 불리죠. 루꼴라는 줄기가 굵지 않고 잎이 푸르고 싱싱해야 비타민과 무기질이 풍부해요.

1 SECTION

100% 키위베이스로 만드는

키위롤젤리 *Dessert*

키위베이스로 젤리를 만듭니다. 일반적으로 롤젤리는 과일즙을 말려서 만드는데, 과일베이스로도 가능하죠. 돌돌 마는 롤 형태로 만들어 색다른 즐거움이 있습니다. 모양도 맛도 좋아 선물로도 좋아요. 다른 재료 없이 키위베이스로만 만들어 맛과 향이 진해요.

ASSEMBLE

Base
키위베이스 200g *P078 참고

RECIPE

1. 오븐은 150℃로 예열한다.
2. 테프론시트 위에 분량의 키위베이스를 주걱이나 스페츌러를 사용해 얇게 펼친다.
3. 그대로 예열한 오븐에 넣고 5분간 굽는다.
4. 오븐 온도를 80℃로 낮춰 1시간 더 굽는다.
5. 오븐에서 꺼내자마자 윗면에 종이포일을 붙인다.
6. ⑤를 뒤집어 테프론시트와 분리해 적당한 폭으로 자른 뒤 돌돌 말아 끈으로 묶어 완성한다.

TIP | **딸기롤젤리, 블루베리롤젤리도 추천**
키위베이스 외에 다른 과일베이스로도 젤리를 만들어보세요. 딸기베이스나 블루베리베이스가 적당하고, 수분이 많은 레몬이나 자몽베이스는 만들기가 쉽지 않아요. 이때는 레몬+키위, 레몬+딸기처럼 수분이 적고 건더기가 많은 베이스를 섞어야 젤리를 만들 수 있어요.

FRUIT BASE

1 SECTION

FRUIT BASE

CHERRY BASE
LEMON BASE
GRAPEFRUIT BASE
STRAWBERRY BASE
KIWI BASE
GREEN GRAPE BASE
WATERMELON BASE
APPLE BASE
BLUEBERRY BASE

청포도베이스

냉장보관 1개월 / 냉동보관 2개월

카페 스태프에게 가장 맛보고 싶은 과일베이스를 물으니 모두 청포도베이스를 꼽더군요. 청포도는 가격대가 만만치 않아 베이스용 과일로는 부담되지만, 맛과 향을 떠올리면 도전해볼만 합니다. 청포도베이스는 향이 중요한 베이스예요. 베이스에 들어가는 설탕의 1/4 분량을 청포도맛 캔디로 대체하는 게 히든 팁입니다. 사탕을 곱게 갈아 설탕과 섞어 쓰면 머스켓향 가득한 청포도베이스를 만들 수 있죠. 청포도맛 캔디 대신 동량의 청포도파우더를 사용해도 되어요. 머스켓파우더는 약간의 민트향이 돌아 피하는 게 좋습니다. 청포도베이스는 금세 갈변되니 반드시 직사광선을 피해 냉장보관해 사용합니다.

FRUIT BASE

→ **청포도 고르는 방법**

청포도는 국내산, 수입산도 모두 맛이 좋습니다. 음료용으로는 단맛이 지배적이고 가격이 너무 비싼 샤인머스켓보다는 7월 제철에 나오는 알이 작은 일반 청포도가 적당합니다. 수입산의 경우 씨 없는 청포도를 구매하면 좋은데 가지가 살아있고 알이 마르지 않은, 단단한 청포도를 고르세요.

청포도베이스

ASSEMBLE 용량 750g

씨 없는 청포도 500g, 청포도맛 캔디 또는 청포도파우더 100g, 설탕 400g, 레몬즙 50g

RECIPE

1 싱싱한 청포도를 가지에서 분리해 흐르는 물에 세척한다.
2 블렌더에 청포도를 껍실째 넣고 고속으로 곱게 간다.
3 물기가 없는 블렌더에 청포도맛 캔디를 넣고 곱게 간다.
4 ③에 설탕을 넣고 한 번 더 갈아 고운 파우더로 만든다.
5 ②에 ④를 넣고 덩어리지지 않게 섞는다.
6 성근 거름망에 한 번 걸러 레몬즙을 섞은 후 소독한 병에 담아 냉장보관한다.

이렇게 활용해요!

⊕ 플레인 요거트와 섞어 유청을 빼면 청포도그릭요거트가 되어요.
⊕ 더 진한 청포도 맛을 원하면 청포도 농축액을 베이스 총량의 10% 정도 더해 만드세요.
⊕ 갈변 현상이 신경쓰인다면 진한 녹색의 민트시럽 10g을 추가해 만들어요.

우유와 생크림, 치즈의 삼박자

청포도치즈폼 *Cool*

청포도베이스에 유제품을 베리에이션한 음료입니다. 진한 우유 맛과 비슷한 마스카포네크림치즈로 포인트를 주었죠. 은은한 청포도향과 크리미한 질감이 매력적입니다. 음용 직전에 80% 정도 섞이게 저어야 유제품과 과일이 잘 어우러져요.

ASSEMBLE

Base
청포도베이스 80g *P090 참고

Liquid
차가운 우유 120ml, 얼음 2/3컵

Point
차가운 생크림 40g,
차가운 마스카포네크림치즈 40g

Garnish
청포도 3~5알

RECIPE

1. 준비한 잔에 청포도베이스를 담는다.
2. 분량의 생크림과 마스카포네크림치즈를 넣고 치즈가 풀어지도록 섞는다.
3. 쉐이커에 ②와 우유를 넣고 흔들어 묽은 크림의 질감을 만든다.
4. ①에 얼음을 가득 채우고 ③을 붓는다.
5. 청포도를 얇게 잘라 크림 위에 올려 장식한다.

TIP 쉐이커로 크림 질감내기

쉐이커로 크림을 만들 수는 없지만 묵질한 질감을 낼 수 있죠. 이때는 재료의 온도가 중요합니다. 우유와 생크림, 치즈 모두 냉장보관되어 아주 차가운 상태일 때 만들어야 질감이 잘 살아요.

1 SECTION

음료로 즐기는 천연 소화제

청포도케일주스 *Cool*

청포도주스에 건강 한스푼을 넣었어요. 달콤함이 지배적인 청포도주스에 쌉쌀한 케일로 맛의 밸런스를 잡습니다. 여기에 페퍼민트티까지 섞으니 속까지 편안해지죠. 고기요리로 식사를 마친 뒤에 더부룩한 속을 가라앉히기 좋아요.

ASSEMBLE

Base
청포도베이스 60g *P090 참고

Liquid
뜨거운 물 200ml, 각얼음 3개

Point
페퍼민트티백 1개(2g), 케일 2장

Garnish
청포도 줄기째 약간

RECIPE

1. 뜨거운 물에 페퍼민트티백을 넣고 5분간 우려 차갑게 식힌다.
2. 케일은 너무 크지 않은 것을 준비해 씻어둔다.
3. 블렌더에 청포도베이스를 넣고 케일도 손으로 찢어 넣는다.
4. ③에 차갑게 식힌 페퍼민트티와 각얼음 3개를 넣어 함께 고속으로 곱게 간다.
5. 준비한 잔에 ①의 우리고 난 페퍼민트티백을 넣고 음료를 채운다.
6. ④를 붓고 청포도를 줄기째 장식한다.

TIP | **케일은 잘게 찢어 넣어야**
다소 억센 잎채소인 케일은 블렌더에 넣기 직전에 잘게 찢어 넣어야 해요. 그대로 넣으면 블렌더의 날에 케일의 섬유질이 걸려 고장날 수 있어요.

FRUIT BASE

FRUIT BASE

청포도로 만드는 바질모히또
바질청포도에이드 *Cool*

향기로운 바질은 과일로 만든 음료에 포인트용으로 즐겨 사용되죠. 향이 강하지 않은 청포도베이스와도 잘 어울립니다. 레몬즙을 더하고 사이다 또는 스프라이트 같은 탄산음료를 부어 만든 산뜻한 에이드입니다.

ASSEMBLE

Base
청포도베이스 60g *P090 참고

Liquid
탄산음료 200ml, 얼음 1/2컵

Point
바질잎 5g, 레몬즙 10g

Garnish
바질잎 2~3장

RECIPE

1 준비한 잔에 청포도베이스를 넣는다.
2 바질잎 5g을 손으로 비벼가며 넣는다.
3 분량의 레몬즙을 넣고 골고루 섞는다.
4 ③에 얼음을 가득 채운 후 탄산음료를 붓는다.
5 음료 위에 바질잎 2~3장을 장식으로 올린다.

TIP 바질잎은 애플민트잎으로 대체 가능
바질은 가격 등락 폭이 심한 허브입니다. 구하기 어려울 때는 애플민트로 대체 가능해요. 모히또 느낌의 청포도에이드를 만들 수 있답니다. 말린 바질은 절대 사용하지 마세요.

1 SECTION

톡톡 터지는 향긋한 디저트
청포도곤약젤리 *Dessert*

베이스와 곤약가루만 있다면 탱글탱글한 식감의 젤리를 간단하게 만들 수 있습니다. 젤리를 만들 때 한천가루를 넣으면 양갱 느낌이 나고, 젤라틴을 넣으면 쫄깃함이 덜하죠. 반면 곤약가루를 사용하면 탱탱하면서도 쫄깃한 식감이 만들어집니다.

ASSEMBLE

Base
청포도베이스 200g *P090 참고*

Liquid
물 400ml

Point
곤약가루 10g

RECIPE

1 분량의 청포도베이스와 물을 섞는다.
2 냄비에 ①을 붓고 곤약가루를 넣어 골고루 섞는다.
3 불에 올려 중불에서 쉬지 않고 계속 저어가며 끓인다.
4 끓어오르면 불에서 내려 원하는 모양의 트레이나 몰드에 붓는다.
5 그대로 냉장실에서 30분간 굳혀 완성한다.

| TIP | 젤리 식감 업그레이드하기 |

청포도곤약젤리에 볼륨을 주고 싶다면 포도 통조림을 활용하세요. 원하는 모양의 몰드에 캔 속의 포도 알맹이를 먼저 넣은 후 끓인 청포도젤리를 부워 굳히면 색다른 식감의 젤리를 맛볼 수 있어요.

FRUIT BASE

FRUIT BASE

CHERRY BASE
LEMON BASE
GRAPEFRUIT BASE
STRAWBERRY BASE
KIWI BASE
GREEN GRAPE BASE
WATERMELON BASE
APPLE BASE
BLUEBERRY BASE

수박베이스
냉장보관 1개월 / 냉동보관 2개월

여름을 대표하는 과일은 단연 수박입니다. 하지만 여름철 잦은 비만큼이나 수박의 당도도 들쑥날쑥하다보니 수박으로 만든 음료는 일정한 맛을 유지하기가 어렵죠. 수박베이스를 미리 만들어두면 문제없습니다. 하루 전에 만들어 냉장보관해두면 숙성되면서 향과 색이 더욱 짙어지죠. 수박베이스를 만들 때는 반드시 수박 씨를 제거해야 깔끔한 맛을 낼 수 있습니다. 인공 수박시럽도 있지만 인위적인 향이 자칫 거부감을 줄 수도 있어 권하지 않아요. 조금 당도가 떨어지거나 잘라놓고 미처 다 먹지 못한 수박이 있다면 수박베이스를 만드세요.

1 SECTION

→ **수박 고르는 방법**

한여름에나 맛보던 수박을 요즘은 4월부터 시장에서 볼 수 있죠. 5월이면 충분히 맛이 듭니다. 비파괴 당도선별을 통해 어느 정도의 당도가 보장되어 고르기도 수월합니다. 장마철을 피해 꼭지가 싱싱한 것을 고르세요.

수박베이스

ASSEMBLE 용량 750g

수박 과육 500g, 설탕 500g, 소금 3g

RECIPE

1. 수박은 껍질을 잘라내어 붉은 과육만 준비한다.
2. 수박 과육을 사방 4cm 크기로 자르고 수박 씨는 모두 제거한다.
3. 블렌더에 손질한 수박을 넣고 고속으로 간다.
4. 분량의 설탕과 소금을 넣고 골고루 섞어 녹인다.
5. 하루동안 냉장실에서 숙성시킨 후 거름망에 걸러 소독한 병에 담는다.

이렇게 활용해요!

⊕ 손질한지 하루이틀 지난 수박으로도 베이스를 만들 수 있어요.
⊕ 수박베이스는 냉장보관 중 색이 짙어지므로 별도의 색과 향을 추가하지 않아요.
⊕ 과일화채에 수박베이스를 넣으면 짙은 여름향을 낼 수 있어요.

FRUIT BASE

식후 차갑게 마시는 칵테일

수박레몬첼로 *Cool*

수박과 레몬은 맛과 향의 어울림이 좋습니다. 섞으면 색도 예뻐 기분도 좋아지죠. 레몬첼로라는 술을 사용하여 여름용 칵테일 음료를 만들어요. 수박베이스와 레몬첼로 작은 병만 하나 있다면 언제든 즐길 수 있는 음료입니다.

ASSEMBLE

Base
수박베이스 40g *P102 참고

Liquid
물 180ml, 얼음 1/2컵

Point
레몬베이스 20g *P042 참고,
레몬첼로 20g

Garnish
레몬 슬라이스 1개

RECIPE

1 준비한 잔에 수박베이스를 담는다.
2 얼음을 가득 채우고 물을 부어 섞는다.
3 볼에 분량의 레몬베이스와 레몬첼로를 섞는다.
4 ②에 ③을 천천히 부어 그라데이션을 만든다.
5 레몬 슬라이스로 장식하고 저어가며 마신다.

TIP | **레몬첼로 구입법**
레몬으로 만든 이탈리아 술인 레몬첼로는 마트 와인코너에 가면 구입 가능해요. 주로 보드카 부스에 세팅되어 있습니다.

1 SECTION

아사삭~ 수박 아이스크림
수박그라나타 *Cool*

그라나타는 얼음의 질감이 살아있는 음료를 일컬어요. 수박을 더 시원하게 즐기는 방법 중 하나죠. 얼음이 들어가 자칫 싱거워질 수 있는 맛은 직접 만든 수박베이스로 잡습니다. 향기가 강한 애플민트잎으로 장식해요.

ASSEMBLE

Base
수박베이스 100g *P102 참고

Liquid
얼음 200g

Point
수박 과육 150g

Garnish
애플민트잎 약간

RECIPE

1. 블렌더에 얼음 1/2 분량을 담고 수박베이스 80g을 넣는다.
2. ①의 얼음이 80% 정도 분쇄되도록 고속으로 갈아준 후 남은 얼음도 넣고 60% 정도까지 분쇄해 질감을 낸다.
3. 씨를 제거한 수박 과육을 넣고 순간 동작으로 80%만 간다.
4. 준비한 잔에 ③을 붓고 남은 수박베이스 20g을 음료 상단에 뿌린다.
5. 애플민트잎을 음료 위에 올려 장식한다.

TIP	**투명한 얼음 만드는 요령**
	제빙기로 만든 카페 음료의 얼음은 유난히 투명하죠. 집에서 만들 때는 물을 한 번 끓였다가 식혀 얼리면 투명한 얼음을 만들 수 있습니다. 귀찮다면 봉지얼음을 활용하세요.

FRUIT BASE

달콤한 얼음 수박주스
땡모반 *Cool*

여름에 수박주스를 마시면 꼭 필요한 수분과 영양소 섭취가 가능하죠.
태국식 수박주스인 땡모반을 만들어보세요. 슬러시 같은 식감이 특징입니다.
설탕 대신 수박베이스를 넣어 색도, 향도 더욱 좋습니다.

ASSEMBLE

Base
수박베이스 80g *P102 참고

Liquid
물 80ml, 얼음 30g

Point
얼린 수박 과육 240g

Garnish
로즈마리 1줄기

RECIPE

1 수박은 적당한 크기로 잘라 씨를 제거해 과육만 준비해 냉동실에서 꽁꽁 얼린다.

2 블렌더에 미리 얼려둔 수박과 분량의 수박베이스, 물, 얼음을 넣는다.

3 강속에서 시작해 저속으로 곱게 간다.

4 준비한 잔에 붓고 로즈마리로 장식한다.

TIP | **수박 과육이 너무 꽝꽝 얼었다면**

냉동실 컨디션에 따라 수박 얼음의 강도도 달라집니다. 너무 꽁꽁 얼어 블렌더가 잘 돌지 않는다면 뜨거운 물을 아주 조금씩 섞어가며 갈아요. 음료의 상태를 체크하세요.

1 SECTION

수박우유로 즐기는 여름맛
수박화채 *Dessert*

과일과 우유로 맛을 낸 화채예요. 화채는 보통 우유 또는 탄산음료로 만드는데, 오늘은 수박베이스에 우유를 섞어 수박우유를 만들어 넣었습니다. 한층 더 깊은 수박 맛의 화채를 즐길 수 있어요.

ASSEMBLE

Base
수박베이스 60g *P102 참고

Liquid
우유 200ml, 얼음 1/3컵

Point
수박·망고·블루베리 등 과일 150g

Garnish
애플민트잎 2~3장, 식용꽃 약간

RECIPE

1. 수박은 씨를 제거해 과육만 한입크기로 잘라 준비한다.
2. 망고 등의 과일은 사방 1cm 크기로 썰어둔다. 블루베리는 깨끗이 씻어 준비한다.
3. 분량의 수박베이스에 우유를 섞어 수박우유를 만든다.
4. 준비한 그릇에 얼음과 준비한 모든 과일을 담는다.
5. 수박우유를 붓고 애플민트잎과 식용꽃 등으로 장식한다.

TIP | 비건 화채 만들기

우유 대신 탄산수나 쌀음료를 사용하면 비건식 화채를 만들 수 있어요. 쌀음료를 넣을 때는 자체에 당도가 있으니 수박베이스의 양을 반으로 줄여주세요.

1 SECTION

FRUIT BASE

CHERRY BASE
LEMON BASE
GRAPEFRUIT BASE
STRAWBERRY BASE
KIWI BASE
GREEN GRAPE BASE
WATERMELON BASE
APPLE BASE
BLUEBERRY BASE

사과베이스

냉장보관 1개월 / 냉동보관 2개월

사과는 대표적인 국내 과일입니다. 그만큼 친숙한 과일이기도 하죠. 하지만 음료로 마시기는 쉽지 않습니다. 갈면 걸쭉해지고 색도 금세 갈변되어버리죠. 그렇다고 매번 착즙하는 것도 쉬운 일이 아닙니다. 사과를 음료 베이스로 만들어보세요. 사과는 단맛과 신맛이 아주 강하지 않고 향도 강하지 않아 음료 베이스용으로 적당한 과일입니다. 베이스에 넣는 사과주스는 100% 원액 말고 사과 함유량 30~40% 제품을 추천합니다. 100% 사과주스는 타닌산이 많아 베리에이션 시 음료의 맛에 영향을 줄 수 있어요. 새콤달콤한 가을의 햇사과가 베이스를 만들기 가장 좋습니다.

FRUIT BASE

→ **사과 고르는 방법**

한여름의 연두색 아오리부터 가을 햇사과인 붉은 홍로, 늦가을부터 먹는 저장사과인 부사까지… 사과는 일년 내내 즐길 수 있습니다. 베이스용으로는 10월에 나오는 신맛이 강한 홍옥이 가장 적당하죠. 새콤달콤한 베이스를 원한다면 아리수나 시나노골드를 추천합니다. 반면 단맛이 강한 양광이나 홍로는 베이스용으로 적합하지 않아요.

사과베이스

ASSEMBLE 용량 800g

사과 착즙 원액 500g, 사과주스 200ml, 설탕 300g, 레몬즙 50g

RECIPE

1 사과는 세척해 가운데 심지 부분을 제거하고 껍질째 깍둑썬다.
2 착즙기에 깍둑썬 사과를 넣고 착즙한다.
3 냄비에 사과 착즙 원액과 분량의 설탕을 넣고 중불로 설탕을 녹인다.
4 끓어오를 때쯤 사과주스를 넣고 한 번 더 끓어오를 때까지 중불로 가열한다.
5 끓기 시작하면 바로 불을 끄고 레몬즙을 넣어 실온에서 식힌다.
6 소독한 병에 담아 냉장보관한다.

이렇게 활용해요!

⊕ 맛이 부드러워 주스의 당도를 잡는 용도로 사용하기 좋아요.
⊕ 베이스의 색이 튀지 않아 음료 속 다른 재료를 돋보여줘요.
⊕ 음료뿐만 아니라 요리의 당도를 낼 때도 사용해요.

FRUIT BASE

은은한 자연의 향
로즈애플아이스티 *Cool*

말린 장미인 로즈페탈을 우려 사과베이스와 섞어 아이스티를 만들어요.
홍차와 녹차로 만든 아이스티와는 사뭇 다른 맛과 향이 느껴집니다.
로즈페탈의 은은한 자연의 장미향이 사과향과 어우러져 낯설지 않아요.

ASSEMBLE

Base
사과베이스 60g *P114 참고

Liquid
뜨거운 물 200ml, 얼음 1/2컵

Point
히비스커스베이스 20g *P264 참고,
로즈페탈 2g

Garnish
히비스커스베이스 10g, 허브 또는
식용꽃 1~2개

RECIPE

1 뜨거운 물에 로즈페탈을 넣고 4분간 우려 차갑게 식힌 후 거름망에 거른다.
2 차갑게 식힌 로즈페탈티에 사과베이스를 섞는다.
3 준비한 잔에 얼음을 채우고 히비스커스베이스를 넣는다.
4 ②를 섞이지 않도록 천천히 붓는다.
5 가니시용 히비스커스베이스를 상단에 천천히 붓는다.
6 허브나 식용꽃을 올려 마무리한다.

TIP **로즈페탈 대신 말린 장미 꽃잎**
로즈페탈을 구하기 어려울 땐 식용장미를 구매하여
건조기에 말려 사용해요. 화훼용 장미는 식용이 아니니
주의하세요. 약을 뿌리지 않고 키운 장미라면 잎을
모아 말려 사용해도 좋습니다.

117

달콤한 사과와 리치한 밀크의 조우

애플밀크쉐이크 *Cool*

오사카 여행길에서 맛본 사과맛 밀크쉐이크를 떠올리며 만든 음료입니다. 바닐라아이스크림에 사과베이스와 사과잼을 넣어 질감을 살렸죠. 따끈한 에그토스트와 함께 내어도 잘 어울려요.

ASSEMBLE

Base
사과베이스 40g *P114 참고

Liquid
우유 100ml, 얼음 60g

Point
바닐라아이스크림 100g, 사과잼 20g

Garnish
사과 조각 1~2개, 허브잎 1장

RECIPE

1 블렌더에 우유와 얼음을 넣고 중속으로 3초간 간다.
2 사과베이스와 바닐라아이스크림을 넣어 저속으로 30초간 더 간다.
3 어느 정도 갈리면 사과잼을 더해 중속으로 3초간 갈아 마무리한다.
4 준비한 잔에 붓고 사과 조각과 허브잎으로 장식한다.

TIP	**유지방 함량이 높은 아이스크림 사용**
	음료 제조에 사용하는 아이스크림은 유지방 함량이 높을수록 풍미가 좋고 완성했을 때 맛이 좋아요. 유지방 함량 10% 이상의 제품을 선택하세요.

FRUIT BASE

FRUIT BASE

APPLE BASE

사과의 단짝 친구, 시나몬 힐링
애플시나몬 *Cool & Hot*

사과와 잘 어울리는 스파이스는 단연 시나몬입니다. 시나몬향은 스틱이나 파우더가 아닌 시나몬향 홍차로 연출합니다. 쿨과 핫 두 가지 버전으로 준비했어요. 가을이 찾아오면 생각나는 메뉴가 될 거예요.

ASSEMBLE

Base
사과베이스 *P114 참고 *Cool* 80g *Hot* 70g

Liquid
Cool 뜨거운 물 200ml, 얼음 1/2컵
Hot 뜨거운 물 250ml

Point
시나몬홍차티백
Cool 2개(4g) *Hot* 1개(2g)

Garnish
Cool 사과 슬라이스 1개, 애플민트 약간
Hot 시나몬 조각 1개, 로즈마리 약간

RECIPE

Cool

1. 뜨거운 물 200ml에 시나몬홍차티백 2개를 넣고 5분간 우려 차갑게 식힌다.
2. 준비한 잔에 사과베이스 80g을 담고 얼음을 채운다.
3. 차갑게 식힌 시나몬홍차를 얼음 위로 붓는다.
4. 사과 슬라이스와 애플민트로 장식한다.

Hot

1. 뜨거운 물 250ml에 시나몬홍차티백 1개를 넣고 3분간 우린다.
2. 준비한 잔을 따뜻하게 예열한 뒤 사과베이스 70g을 담는다.
3. ①의 시나몬홍차를 붓고 섞는다.
4. 시나몬 조각과 로즈마리로 장식한다.

TIP | 나만의 시나몬홍차 만들기

당장 시나몬홍차가 없다면 기본 홍차에 시나몬가루나 계피가루를 조금 넣고 섞어 쓰세요. 넉넉히 만들어 시나몬 조각과 함께 용기에 담아두면 시나몬홍차가 완성됩니다.

1 SECTION

달콤한 계절의 향기

사과버터잼 *Dessert*

사과잼은 만들기 간단하면서도 까다로운 잼입니다. 사과의 팩틴만으로는
잼의 점성을 살리기 쉽지 않죠. 저만의 노하우를 소개하자면 버터를 활용하는
거예요. 풍미가 한층 업그레이드되어 특별한 사과잼을 완성할 수 있습니다.

ASSEMBLE

Base
사과베이스 100g *P114 참고

Point
사과 500g, 설탕 100g, 버터 150g

RECIPE

1 사과는 껍질을 벗겨 0.1~0.2cm 폭으로 얇게 썬다.
2 ①에 사과베이스와 설탕을 넣고 골고루 섞이게 버무린다.
3 냄비에 담아 센불로 가열한다.
4 전체적으로 끓어오르면 10분간 중불로 가열한 뒤 약불로 줄이고 핸드블렌더로 간다.
5 한 번 더 중불에서 바글바글 끓인 뒤 불을 끄고 버터를 넣고 녹인다.
6 차갑게 식혀 냉장보관해 꾸덕한 질감을 만든다.

TIP | **잼은 무염버터로 만들어야**

잼에 들어가는 버터는 반드시 짠맛이 없는 무염버터를 사용해주세요. 추천하는 버터는 고메버터예요. 풍미가 높아 잼의 맛을 살려줍니다.

FRUIT BASE

CHERRY BASE
LEMON BASE
GRAPEFRUIT BASE
STRAWBERRY BASE
KIWI BASE
GREEN GRAPE BASE
WATERMELON BASE
APPLE BASE
BLUEBERRY BASE

블루베리베이스
냉장보관 1개월 / 냉동보관 2개월

슈퍼푸드 중 하나인 블루베리는 음료 베이스 재료로 좋은 조건을 가지고 있습니다. 색도 예쁘고 점도도 높고 맛까지 뛰어나죠. 게다가 국내산, 수입산, 냉동제품 중 무엇으로 만들어도 맛에 있어 큰 차이가 나지 않아 부담없습니다. 블루베리베이스는 음료는 물론 베이킹에도 유용하게 쓰이죠. 블루베리의 반은 블렌더에 갈고 반은 손으로 주무르듯 으깨어 넣는 것이 맛의 포인트예요. 100% 블렌더에 갈면 블루베리의 미세한 씨앗이 갈리면서 베이스에서 텁텁한 맛이 느껴질 수 있습니다. 블루베리는 흐르는 물에 세척해 불순물을 잘 제거하고 시작하세요.

1 SECTION

FRUIT BASE

→ **블루베리 고르는 방법**

블루베리는 표면에 흰색 가루가 묻어있는 걸 골라야 당도가 높습니다. 블루베리의 색이 검푸른색에 가까울수록 눈 건강과 항산화 작용에 효과적인 안토시아닌 함량이 높죠. 빠르게 씻어 물기를 제거해 사용합니다.

블루베리베이스

ASSEMBLE 용량 700g

블루베리 500g, 설탕 300g, 레몬즙 30g

RECIPE

1. 세척한 블루베리의 1/2 분량만 블렌더에 고속으로 곱게 간다.
2. 남은 블루베리에 분량의 설탕을 넣고 녹인다.
3. ②에 레몬즙을 넣고 손으로 주무르듯 으깬다.
4. 냄비에 ①과 ③을 넣고 중불에서 끓어오를 때까지 가열해 그대로 실온에서 식힌다.
5. 소독한 병에 담아 냉장보관한다.

이렇게 활용해요!
⊕ 당도가 없는 탄산수나 생수에 섞어 물처럼 마시기 좋아요.
⊕ 산도가 높지 않아 과일우유로도 제격입니다.
⊕ 약간의 옥수수전분과 섞어 한 번 끓여 타르트 충전물로 사용해요.

FRUIT BASE

아이스크림처럼 즐기는 음료
블루베리크림치즈스무디 *Cool*

평소 즐기던 <바람과 함께 사라지다>라는 아이스크림을 떠올리며 만든 음료예요. 바닐라아이스크림에 블루베리와 치즈가 섞여있는 맛이죠. 냉동실에 치즈케이크가 있다면 약간 잘라 넣으세요. 풍미가 더 살아요. 스페셜한 버전을 즐기고 싶다면 딸기베이스를 약간 첨가해보세요.

ASSEMBLE

Base
블루베리베이스 80g *P126 참고

Liquid
우유 100ml, 얼음 30g

Point
바닐라아이스크림 150g, 크림치즈 60g

RECIPE

1 블렌더에 우유와 얼음, 바닐라아이스크림을 넣고 90%까지 간다.
2 크림치즈를 넣고 순간 동작으로 5회 정도 간다.
3 준비한 잔에 블루베리베이스의 1/3 분량을 담고 ②의 절반을 붓는다.
4 다시 블루베리베이스 1/3 분량을 넣고 ②의 남은 분량을 붓는다.
5 남은 블루베리베이스를 위쪽에 올려 마무리한다.
6 스틱으로 음료를 전체적으로 2회 저어 즐긴다.

| TIP | **블루베리베이스는 3회 나눠 넣기**
액체 타입의 베이스는 블렌더에 몇 초만 갈아도 다른 재료와 잘 섞이죠. 재료 각각의 질감을 살려야 하는 메뉴를 만들 때는 베이스를 나눠서 넣어야 볼륨감도 살고 맛도 살아요. |

마시는 케이크 한 조각

블루베리밀크티 *Cool*

밀크티 마니아라면 과일맛 밀크티에 도전해보세요. 우유에 블루베리향 홍차를 우려 밀크티를 만들고, 당도는 블루베리베이스로 조절합니다. 그 위에 크림을 올려 장식하면 케이크 맛이 나는 밀크티를 만들 수 있어요. 딸기향 홍차와 딸기베이스로 딸기밀크티도 만들어보세요.

ASSEMBLE

Base
블루베리베이스 60g *P126 참고

Liquid
우유 200ml, 얼음 1/3컵

Point
블루베리홍차티백 2개(4g),
휘핑크림 적당량

Garnish
블루베리 5~6개, 허브잎 1장

RECIPE

1. 블루베리홍차티백을 분량의 우유에 넣어 6시간 냉침한다.
2. 준비한 잔에 블루베리베이스를 넣고 얼음을 채운다.
3. ①의 블루베리밀크티를 얼음 위로 붓는다.
4. 휘핑크림을 음료 위에 빙 둘러 올린다.
5. 블루베리를 크림 사이사이에 올리고 허브잎으로 마무리한다.

TIP | 당도를 높이고 싶을 때

홍차의 씁쓸한 타닌 맛을 줄이고 싶다면 단맛을 좀 더 올려주세요. 블루베리베이스의 양을 늘리는 것도 방법이지만 우유에 홍차를 냉침할 때 설탕 10g을 넣으면 그 맛이 더욱 좋아져요.

FRUIT BASE

FRUIT BASE

가볍게 즐기는 다이어트 음료
블루베리에너지워터 *Cool & Hot*

많은 분들이 음료는 진해야 한다는 선입견을 갖고 있죠. 하지만 의외로 라이트한 메뉴를 선호하는 분들도 꽤 있답니다. 블루베리베이스, 레몬, 물로 만들어 다이어트 음료로도 인기 있죠. 두 가지 버전으로 즐겨요.

ASSEMBLE

Base
블루베리베이스 20g *P126 참고

Liquid
Cool 차가운 물 450ml
Hot 뜨거운 물 300ml

Point
레몬 슬라이스 *Cool* 2~3개 *Hot* 1개

Garnish
로즈마리 1줄기

RECIPE

Cool

1 준비한 보틀에 블루베리베이스를 넣는다.
2 레몬 슬라이스 2~3개를 보틀에 넣는다.
3 로즈마리를 손바닥에서 살짝 비벼 ②에 넣는다.
4 차가운 물 450ml를 붓고 뚜껑을 닫은 후 냉장보관해두고 2~3시간 후부터 음용한다.

Hot

1 준비한 잔에 뜨거운 물을 부어 예열한다.
2 로즈마리 줄기를 새끼손가락 두 마디만한 크기로 자른다.
3 예열한 잔에 블루베리베이스를 넣고 뜨거운 물 300ml를 붓는다.
4 레몬 슬라이스를 올리고 그 위에 로즈마리로 장식한다.

TIP **레몬 세척에 신경써야**
이 음료의 포인트는 레몬이에요. 레몬 슬라이스를 넣고 우리기 때문에 꼼꼼하게 세척해야 해요. 과일용 세제로 닦아 흐르는 물에 여러 번 헹궈주세요.

1 SECTION

치즈와 블루베리의 매칭

블루베리치즈바 *Dessert*

블루베리베이스로 꾸덕한 식감의 네모난 치즈케이크를 구워요.
블루베리의 상큼함이 리치한 치즈케이크의 맛을 질리지 않게 해주죠.
따뜻한 커피 한 잔과 즐기세요. 크림치즈와 사워크림, 달걀은 10분간
실온에 두었다가 사용해요.

ASSEMBLE

Base
블루베리베이스 50g *P126 참고

Liquid & Powder
크림치즈 150g, 사워크림 20g,
달걀 1개, 생크림 100g, 설탕 50g,
옥수수전분 8g

Point
다이제스트 150g, 녹인 버터 30g,
블루베리 50g

RECIPE

1 다이제스트는 잘게 부숴 녹인 버터와 섞어 1호 사각틀 바닥에 평평하게 깐다.

2 170℃로 예열한 오븐에서 5분간 구워 식힌다.

3 블렌더에 크림치즈, 사워크림, 달걀, 생크림, 설탕, 옥수수전분을 넣고 중속으로 모든 재료가 매끄럽고 윤기나도록 섞어 크림치즈필링을 만든다.

4 ② 위에 ③의 크림치즈필링을 천천히 붓는다.

5 윗면에 블루베리베이스를 골고루 바르고 사이사이에 블루베리를 넣는다.

6 꼬치로 그라데이션 무늬를 내면서 가볍게 섞는다.

7 170℃로 예열한 오븐에서 40분간 구워 한김 식힌 후 냉장보관한다.

TIP | 다양한 장식 활용하기

동량의 버터, 설탕, 박력분, 아몬드가루로
크럼블을 만들어 토핑처럼 올려도 좋아요. 모든
가루를 푸드프로세서에 갈아 굽기 전에 맨
윗부분에 뿌려서 구워요.

음료의 부스터 역할! 채소베이스

건강에 관한 관심이 높아지면서 그에 가장 부합하는 주인공으로 채소베이스가 떠오르고 있습니다. 맛있는 음료에 건강함을 더할 최적의 베이스죠. 매일 한 잔으로 채소의 영양소를 섭취할 수 있음은 물론 맛 또한 풍부해집니다. 진한 컬러도 채소베이스의 장점으로, 베이킹이나 요리에 색소 대용이나 감칠맛을 내는 용도로 활용 가능합니다. 과일베이스에 비해 맛이 밋밋하게 느껴진다면 약간의 소금과 동결건조 가루를 섞는 것도 방법입니다. 채소로 음료를 만드는 게 망설여진다면 과일베이스를 부스터로 활용해보세요.

보관이 까다로운 게 단점

채소베이스는 책에 소개하는 베이스 중에서도 보관이 까다로운 편입니다. 대부분 가열과정을 거치는데, 완성 시 녹색을 띠는 베이스도 일주일 이상 냉장보관하면 색이 누렇게 변하기 쉽죠. 가능한 빠르게 사용하길 권합니다. 즐겨쓰는 채소베이스라면 완성 후 큐브 틀에 부어 얼려 사용하세요. 만약 익히지 않은 녹색 채소에 알러지가 있다면 꼭 물에 데친 후 베이스를 만들어요. 채소 종류에 따라 제조 시 필요한 수분 양이 다르니 수분 양은 채소의 상태에 따라 가감합니다.

SECTION 2

Vegetable Base
채소베이스

채소는 일률적인 과일 음료 레시피 사이에서 포인트가 되어주는 보석 같은 존재입니다. 과일이 갖지 못한 농축된 컬러감은 물론 뿌리채소, 잎채소, 줄기채소 등 종류별로 다양한 레시피가 가능하죠. 기본적으로 당도가 낮아 단맛이 덜한 메뉴를 찾는 분들에게도 좋습니다. 채소로만 구성하기보다 과일을 적절히 섞어 사용하는 레시피를 추천합니다.

CARROT BASE
TOMATO BASE
GINGER BASE
BEET BASE

CARROT BASE
TOMATO BASE
GINGER BASE
BEET BASE

당근베이스

냉장보관 1개월 / 냉동보관 2개월

당근베이스는 색의 농도가 짙고 단맛이 강해 음료로 만들면 맛과 비주얼에 만족도가 높습니다. 특히 당근의 대표 영양소인 카로틴과 비타민A는 비타민C와 결합력이 좋아, 과일과 베리에이션하기에 알맞죠. 국내산 당근은 70% 이상이 제주도에서 재배되는데, 그중에서도 초겨울 구좌당근의 맛과 영양이 제일 좋습니다. 종종 새로움을 위해 자색당근으로도 베이스를 만드는데, 가격 단가가 꽤 높은 편이라 일반 당근과 반반 섞어 만드는 것도 방법입니다. 베이스를 만들 때 넣는 당근가루는 주재료인 당근의 품질이 좋고 색과 맛이 진하다면 생략 가능합니다. 당근가루는 국내산 당근을 100% 건조한 제품인지 반드시 확인하세요.

당근 고르는 방법

주스용 당근은 크기가 작거나 모양이 고르지 않은 걸 의미합니다. 당근을 고를 때는 꼭지를 살피는데, 꼭지가 작을수록 심지도 작아 식감이 부드럽고 맛과 향이 강하죠. 꼭지 부분이 검지 않은 것을 고르는 것도 팁이에요. 수확한지 오래될수록 꼭지 테두리의 색이 짙어집니다. 반드시 국내산을 사용해요.

당근베이스

ASSEMBLE 용량 700g

당근 착즙 원액 500g, 당근가루 20g, 설탕 400g

RECIPE

1. 당근은 깨끗이 세척해 꼭지 부분과 색이 일정치 않은 부분의 껍질을 제거한 뒤 깍둑썬다.
2. 착즙기에 깍둑썬 당근을 넣어 당근 착즙 원액을 준비한다.
3. 분량의 설탕에 당근가루를 넣고 골고루 섞는다.
4. ②에 ③의 당근가루설탕을 넣고 섞는다.
5. 소독한 병에 담아 냉장보관한다.

이렇게 활용해요!

⊕ 상대적으로 가벼운 맛의 과일음료에 넣으면 깊은 맛을 내요.
⊕ 컬러 그라데이션 음료에 사용하기 좋아요.
⊕ 색감이 좋아 디저트에 천연 색소로도 쓰여요.

VEGETABLE BASE

오렌지+당근+레몬의 콜라보
베타카로틴에이드 *Cool*

여름철이면 레몬이나 자몽에이드를 찾는 분들이 많습니다. 하지만 제가 가장 아끼는 에이드는 오렌지에이드예요. 많은 분들이 오렌지를 주스로만 떠올리지만 직접 마셔보면 놀랄 거예요. 오렌지에 당근과 레몬을 트위스트했죠. 식사의 마지막을 장식하기에 더없이 좋은 메뉴예요.

ASSEMBLE

Base
당근베이스 70g *P140 참고

Liquid
레몬향 탄산수 200ml, 얼음 1컵

Point
오렌지즙 90g, 레몬즙 10g

Garnish
오렌지 조각 2개, 허브잎 1장

RECIPE

1 준비한 잔에 얼음을 가득 채운다.
2 분량의 오렌지즙에 레몬즙을 섞어 ①에 넣는다.
3 당근베이스를 넣고, 그 위에 레몬향 탄산수를 부어 가볍게 섞는다.
4 오렌지 조각을 넣고 허브잎을 올려 장식한다.

TIP **오렌지즙은 생과에서 착즙해야**
음료에 넣는 오렌지즙은 오렌지를 반 잘라 착즙한 것을 기준으로 해요. 번거롭다면 시판주스 중 펄프 함량이 높은 오렌지 농축액 100%의 냉장 오렌지주스를 사용하세요.

사르르 녹는 주스 쉐이크

당근바닐라밀크 *Cool*

제주도 여행길에서 구좌당근 밭을 가본 적 있습니다. 검은 흙 속에서 캐낸 주황색 당근이 가득한 풍경이 마치 동화 속 한 장면을 보는 것 같았죠. 그 구좌당근으로 만든 베이스로 쉐이크를 완성했어요. 재료가 당근이라고 귀띔하지 않으면 마시면서도 전혀 예측하지 못할 만큼 달콤하죠. 아이스크림을 녹여가며 즐겨요.

ASSEMBLE

Base
당근베이스 80g *P140 참고

Liquid
우유 200ml, 얼음 1/2컵

Point
바닐라아이스크림 80g

Garnish
미니당근 1개

RECIPE

1 준비한 잔에 당근베이스를 담는다.
2 쉐이커에 우유와 바닐라아이스크림을 넣고 아이스크림이 녹을 때까지 흔든다.
3 ①에 얼음을 담고 ②의 바닐라쉐이크를 붓는다.
4 미니당근이 있다면 장식처럼 올린다.

TIP 아이스크림 대신 바닐라시럽도 OK
레시피 2단계에서 아이스크림이 녹기까지 시간이 꽤 필요합니다. 카페라면 아이스크림을 냉장실에 보관했다가 사용하거나, 아이스크림 대신 바닐라시럽 30ml를 우유에 섞어 사용하세요.

VEGETABLE BASE

VEGETABLE BASE

시너지가 만든 음료의 신세계
당근사과주스 *Cool*

청담동 어느 카페에서 '당근에게 사과할게'라는 기막힌 이름의 주스를 마신 적이 있죠. 마시자마자 진심으로 당근에게 사과하고 싶어졌습니다. 사과와 당근 각각 훌륭한 주스 재료지만 둘이 만나면 시너지가 폭발하면서 새로운 주스가 탄생합니다.

ASSEMBLE

Base
당근베이스 70g *P140 참고

Liquid
물 200ml, 얼음 1/2컵

Point
사과 120g

RECIPE

1 사과는 껍질과 씨를 제거하고 과육만 준비한다.
2 블렌더에 사과 과육과 물을 넣고 고속으로 곱게 간다.
3 분량의 당근베이스를 추가하고 가장 빠른 속도로 곱게 간다.
4 준비한 잔에 얼음을 채우고 ③을 붓는다.

TIP 층 분리를 줄이는 게 포인트

블렌더로 만드는 주스는 아무래도 고운 건더기가 있어 시간이 지나면 분리 현상이 일어나죠. 층 분리가 싫다면 진공 블렌더를 사용하세요. 시간이 지나도 층 분리가 일어나지 않고 색감도 더 돋보여요.

그린과 오렌지 투톤 디저트

녹차당근양갱 *Dessert*

책에 소개한 모든 베이스로 양갱을 만들 수 있습니다. 처음에는 불조절이나 녹는 점 등을 몰라 실패를 맛보겠지만 몇 번 하다보면 간단하게 만들 수 있죠. 여러 가지 몰드를 활용해 형형색색의 양갱을 만들어보세요. 예쁜 상자에 담아 선물하기에도 그만입니다.

ASSEMBLE

Base
당근베이스 100g *P140 참고

Liquid
물a 100ml, 물b 100ml

Point
한천가루a 6g, 한천가루b 3g,
춘설앙금a 250g, 춘설앙금b 120g

Garnish
말차 5g, 설탕 10g

RECIPE

1. 냄비에 물a와 당근베이스, 한천가루a를 섞어 30분간 불린다.
2. 다른 냄비에 물b와 한천가루b를 섞어 30분간 불린다.
3. ①의 냄비를 중불에 올려 한천가루가 투명해지도록 끓인다.
4. 한천가루가 완전히 녹으면 약불로 줄여 춘설앙금a를 넣어 거품기로 푼다.
5. 거품기로 내용물이 매끄럽게 풀리면 불을 끄고 준비한 사각틀에 부어 냉장실에서 15~20분 굳힌다.
6. 말차와 설탕을 비벼 덩어리지지 않게 섞는다.
7. ②의 냄비를 중불로 올려 한천가루가 투명하게 녹으면 말차설탕을 넣고 녹인다.
8. 완전히 녹으면 약불로 줄여 춘설앙금b를 넣고 거품기로 저어 매끄럽게 푼다.
9. ⑤의 틀 위에 모두 부은 뒤 냉장실에서 1시간 이상 굳혀 원하는 크기로 자른다.

TIP 다양한 앙금 선택하기

앙금은 사용하는 가루나 부재료에 따라 선택해요. 전체적으로 재료가 어두운 색이면 적앙금을, 컬러감이 있다면 춘설앙금을 넣죠. 백옥앙금은 색이 좀 더 짙고 물성이 있습니다.

VEGETABLE BASE

149

2 SECTION

CARROT BASE
TOMATO BASE
GINGER BASE
BEET BASE

토마토베이스

냉장보관 2주 / 냉동보관 1개월

개인적으로 토마토를 무척 좋아해 토마토베이스 활용법을 늘 생각합니다. 특히 토마토는 가열하면 대표 영양소인 라이코펜 함량이 훨씬 높아져 베이스로 만들어 섭취하기에 좋습니다. 토마토는 구매 후 후숙과정을 거쳐야 당도가 높아지고, 색도 더 붉어져 베이스 완성 시 퀄리티도 높아집니다. 만졌을 때 과육이 단단하고 초록색을 살짝 띄는 걸 골라 3일간 후숙해 사용해요. 더 짙은 토마토 맛을 내고 싶다면 베이스를 만들 때 토마토페이스트를 섞어주세요. 레시피 3단계에서 토마토페이스트 50g을 추가하면 색도 맛도 더 진한 베이스를 완성할 수 있습니다. 토마토페이스트는 3배 농축된 제품을 추천합니다.

VEGETABLE BASE

→ **토마토 고르는 방법**

베이스용 토마토는 껍질을 벗겨 사용하므로 알이 작은 방울토마토나 대추토마토 등은 적당치 않습니다. 가격이 높은 대저토마토, 스테비아 토마토보다는 일반 토마토를 구입해 붉게 후숙해 사용하길 권해요. 사시사철 구입이 가능하나 겨울철에는 가격이 높고 후숙 후에도 여름만큼 붉게 변하지 않습니다.

토마토베이스

ASSEMBLE 용량 750g

완숙 토마토 500g, 설탕 400g, 소금 3g

RECIPE

1. 완숙 토마토는 세척 후 꼭지를 제거한 뒤 꼭지 부분을 중심으로 십자모양의 칼집을 낸다.
2. 냄비에 토마토가 잠길 만큼의 물을 넣고 5분간 데치듯 끓인다.
3. 토마토의 껍질을 벗겨 블렌더에 과육만 넣고 고속으로 곱게 간다.
4. 냄비에 곱게 간 토마토와 분량의 설탕, 소금을 넣고 중불에 올린다.
5. 끓기 시작하면 약불로 낮추어 3분 정도 졸인다.
6. 실온에서 완전히 식힌 후 소독한 병에 담아 냉장보관한다.

이렇게 활용해요!

⊕ 과일과 채소 중간, 당도가 낮은 음료를 만들기 좋아요.
⊕ 과일이 베이스인 음료에 넣으면 독특한 맛을 냅니다.
⊕ 잼이나 처트니를 만들 때 사용하면 훌륭한 조미료가 됩니다.

VEGETABLE BASE

아침을 여는 주스 한잔

토마토레드파워주스 *Cool*

토마토가 건강에 좋다는 건 모두 알고 있죠. 몸에 좋은 토마토베이스를 고기능성의 상큼한 음료로 업그레이드했습니다. 아침에 한 잔으로 활기찬 하루를 시작해보세요.

ASSEMBLE

Base
토마토베이스 70g *P152 참고

Liquid
미네랄워터 200ml, 얼음 2/3컵

Point
딸기 100g, 레몬즙 10g, 히비스커스 3g

Garnish
토마토 슬라이스 1~2개

RECIPE

1 미네랄워터에 분량의 히비스커스를 넣어 냉장실에서 하루동안 냉침해 거름망에 거른다.

2 블렌더에 ①과 토마토베이스, 딸기, 레몬즙을 담아 중속으로 80% 정도까지 간다.

3 준비한 잔에 얼음을 채우고 ②를 붓는다.

4 토마토를 꼭지 부분이 보이도록 슬라이스해 음료 위에 올려 장식한다.

TIP 미네랄워터 선택하기

미네랄워터는 화학적인 정수과정을 거친 생수에 미네랄을 투입해 만듭니다. 이왕이면 자연에서 추출한 생수에 최소한의 여과만 거쳐 미네랄을 넣은 내추럴 미네랄워터를 선택하세요.

2 SECTION

간단한 한끼 식사로 제격

토마토그릭요거트 *Cool*

요즘 그릭 요거트 시장이 점점 커지고 있습니다. 플레인 요거트에서 유청을 제거해 과일과 베리에이션한 제품들이 많이 나오고 있죠. 그레놀라를 더하면 한끼 식사로도 안성맞춤입니다. 딸기베이스나 블루베리베이스로 만들어도 좋아요.

ASSEMBLE

Base
토마토베이스 50g *P152 참고

Liquid
떠먹는 플레인 요거트 500g

Point
그레놀라 50g, 토마토베이스 30g

Garnish
방울토마토 1개, 애플민트잎 약간

RECIPE

1 플레인 요거트에 분량의 토마토베이스 50g을 섞는다.

2 면보에 ①을 붓고 감싸 체에 밭쳐 냉장실에서 6시간 정도 두어 유청을 제거한다.

3 유청이 어느 정도 제거되면 단단하게 만들어진 토마토그릭요거트만 밀폐용기에 담아 보관한다.

4 준비한 용기에 그레놀라 〉 토마토그릭요거트 〉 토마토베이스 30g 순으로 올린다.

5 방울토마토를 반 잘라 애플민트잎과 함께 장식한다.

TIP | **수제 요거트 만들기**

요거트부터 직접 만들어 사용해보세요. 실온 우유 1리터에 유산균스타터 1봉지를 섞은 후 60~70℃ 보온 상태로 12시간을 두면 단단한 요거트가 완성됩니다. 시간이 오버되면 산미가 강해지니 주의하세요.

VEGETABLE BASE

반짝반짝 리프레시 음료
토마토바질에이드 *Cool*

토마토로 만드는 음료 중 단연코 가장 맛있는 메뉴입니다. 바질과 토마토가 만나 한여름을 더욱 반짝이게 만들죠. 잘 저어 점점 진해지는 바질향을 느끼며 한 모금 마시면 '반짝인다'는 말이 이해될 거예요. 시원하게 만든 콜드파스타나 샌드위치와 어울려요.

ASSEMBLE

Base
토마토베이스 80g *P152 참고

Liquid
탄산수 200ml, 얼음 2/3컵

Point
토마토절임 5~6개, 바질잎 3~4장

Garnish
바질잎 약간

RECIPE

1. 준비한 잔에 분량의 토마토베이스를 담는다.
2. 토마토절임을 넣고 잘 섞는다.
3. 바질잎을 손으로 비벼 향을 내어 넣는다.
4. 얼음을 채우고 탄산수를 붓는다.
5. 취향에 따라 바질잎을 장식용으로 올린다.

TIP | **토마토절임 만들기**

동량의 방울토마토와 설탕, 약간의 레몬즙을 준비해요. 방울토마토는 데쳐 껍질을 제거해 설탕과 레몬즙에 버무려 절여요. 설탕이 녹으면 병에 담아 냉장보관해요. 토마토 200g 기준, 설탕 200g, 레몬즙은 10g이 적당해요.

2 SECTION

자꾸 손이 가는 매콤한 케첩

스리라차토마토케첩 *Dessert*

수제 토마토케첩을 맛본 적 있나요? 들어가는 재료에 따라 맛도 달라지죠. 저는 스리라차소스를 넣어 매콤하게 만든 케첩을 좋아합니다. 토마토베이스만 있다면 간단하게 만들 수 있답니다. 스리라차 대신 타바스코를 사용한다면 용량을 50g만 넣어요.

ASSEMBLE

Base
토마토베이스 500g *P152 참고

Liquid
스리라차소스 100g

Point
레몬즙 15g

RECIPE

1 냄비에 분량의 토마토베이스를 담는다.

2 스리라차소스를 넣고 섞는다.

3 중불에 올려 저어가며 수분을 날려 수프 정도의 질감을 만든다.

4 레몬즙을 넣고 약불로 낮추어 1~2분간 더 가열한 후 불을 끄고 완전히 식힌다.

5 소독한 용기에 담아 냉장보관한다.

| TIP | **콜드파스타 소스로도 제격**
스리라차토마토케첩을 만들어 파스타 소스로 활용하세요. 쇼트 파스타를 삶아 올리브유에 버무려 차게 식힌 뒤 스리라차토마토케첩을 뿌리고 올리브, 양파, 옥수수, 셀러리를 잘게 썰어넣어요. 멋진 한 그릇이 완성됩니다.

2 SECTION

CARROT BASE
TOMATO BASE
GINGER BASE
BEET BASE

생강베이스

냉장보관 3개월 / 냉동보관 6개월

가을에 햇생강이 나오면 생강베이스를 넉넉히 만들어둘 때입니다. 생강은 맵고 따듯한 성질의 진저롤 성분과 항산화 효능의 쇼가올 성분으로 이루어져 있는데, 그중 쇼가올 성분은 가열과정을 통해 효능이 10배 이상 증가하므로 베이스로 만들기에 적당합니다. 베이스를 만들 때 생강의 껍질은 절대 벗기지 마세요. 진한 향을 내는 다량의 방향성 정유가 껍질에 있답니다. 그만큼 세척과정도 중요한데, 작은 솔을 준비해 생강의 마디마디를 부러뜨려 꼼꼼히 세척해야 합니다. 생강은 뿌리채소 중에서도 빠르게 상하는 편인데, 조금이라도 썩게 될 경우 독성물질이 전체적으로 퍼지니 절대 사용하지 마세요.

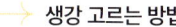

VEGETABLE BASE

→ **생강 고르는 방법**

김장철에 나오는 토종생강은 수분이 적어 착즙용 베이스 재료로 사용하지 않아요. 베이스용으로는 가을철 재배되는 햇생강이 적합하죠. 전체적으로 노란빛의 햇생강은 끝부분만 붉은색을 띠는데 수분이 많고 매운맛이 적어 베이스용으로 알맞습니다. 수입산 생강은 맵고 쓴맛이 강하니 사용하지 않아요.

생강베이스

ASSEMBLE 용량 500g

생강 착즙 원액 300g, 설탕 350g, 물 200ml

RECIPE

1. 생강은 깨끗하게 여러 번 세척해 껍질째 작게 자른다.
2. 한 번 더 물로 가볍게 세척한다.
3. 착즙기에 작게 썬 생강을 넣고 즙을 내어 2시간 정도 그대로 두어 전분을 가라앉힌다. 전분을 빼고 남은 생강 착즙 원액을 300g 준비한다.
4. 냄비에 분량의 물을 담고 ③을 붓는다.
5. 설탕을 넣고 저어가며 끓기 시작하면 약불에서 5분간 수프처럼 농도감 있게 끓인다.
6. 실온에서 완전히 식힌 후 소독한 병에 담아 냉장보관한다.

이렇게 활용해요!

- 생강의 매운맛은 허브티와 베리에이션하기 좋아요.
- 육류요리에 넣으면 고기의 잡내를 없애줘요.
- 우유나 크림이 들어가는 베이킹류에 사용하면 유제품의 비린내를 잡아줍니다.

VEGETABLE BASE

색다른 향기와 부드러움
진저크림밀크 *Cool*

시나몬과 생강의 멋진 콜라보예요. 달콤하고 향기로운 생강의 매력에 빠지죠. 볼륨감이 있는 잔에 담아야 휘핑크림 층이 예쁘게 산답니다. 다양한 베리류와 매칭해도 아주 멋져요.

ASSEMBLE

Base
생강베이스 40g *P164 참고

Liquid
우유 200ml, 얼음 1/2컵

Point
진저휘핑크림 70g

Garnish
시나몬파우더 약간

RECIPE

1 준비한 잔에 생강베이스를 담는다.
2 얼음을 반쯤 채우고 우유를 넣어 섞는다.
3 진저휘핑크림 분량 중 1/3만 넣고 가볍게 음료와 섞는다.
4 음료 위에 남은 진저휘핑크림을 올린다.
5 시나몬파우더를 뿌려 완성한다.

TIP **진저휘핑크림 만들기**
생강베이스 20g, 생크림 200g, 설탕 10g을 준비해요. 먼저 생크림에 설탕을 섞고 생강베이스를 넣어 휘핑합니다. 주르륵 흐르는 정도가 되면 완성이에요.

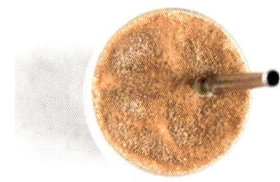

2 SECTION

생강과 레몬의 쿨 웰컴드링크

진저베리티 *Cool*

생강베이스에 레몬베이스를 섞어 상큼한 목테일 한 잔을 만들어요! 맛도 색도 깔끔한 베이스에 크랜베리와 블루베리로 포인트를 주죠. 다양한 베리류로 컬러와 맛에 차이를 두어 만들어보세요. 여름날 웰컴드링크로 적당한 음료예요.

ASSEMBLE

Base
생강베이스 40g *P164 참고

Liquid
물 200ml, 얼음 1컵

Point
레몬베이스 20g *P042 참고

Garnish
산딸기와 블루베리 약간씩,
타임 1줄기

RECIPE

1. 준비한 잔에 생강베이스와 레몬베이스를 넣고 섞는다.
2. 분량의 물을 부어 ①의 베이스와 섞는다.
3. 얼음을 가득 채운다.
4. 준비한 산딸기와 블루베리를 넣는다.
5. 스푼을 이용해 베리류를 한쪽으로 밀고, 타임 줄기를 넣어 장식한다.

TIP | 씨가 굵은 라즈베리는 피해야

딸기 등 세 가지 베리를 섞은 믹스베리를 사용해도 좋아요. 생과, 냉동 모두 사용 가능합니다. 다만 씨가 굵은 라즈베리는 피하세요. 생과육만 섭취하기엔 씨앗이 너무 딱딱해요.

VEGETABLE BASE

VEGETABLE BASE

굿 이브닝 쿨티
진저허니캐모마일 *Cool*

대지의 사과라 불리는 캐모마일에 꿀과 생강을 섞으면 저녁에 마시기 좋은 음료가 탄생합니다. 얼음 없이 뜨거운 물에 차를 우려 핫메뉴로 즐길 수도 있죠. 캐모마일은 소량의 허브가 들어간 티백보다는 잎차 타입을 우려 쓰길 권해요. 강한 생강의 향을 이기기 위해선 넉넉한 허브가 필요해요.

ASSEMBLE

Base
생강베이스 40g *P164 참고

Liquid
뜨거운 물 250ml, 얼음 1컵

Point
캐모마일 4g, 꿀 20g

Garnish
허브잎 1장, 식용꽃 약간

RECIPE

1 뜨거운 물에 캐모마일을 넣고 4분간 우린 후 거름망에 걸러 미지근하게 식힌다.
2 우린 캐모마일티에 분량의 생강베이스와 꿀을 넣고 섞는다.
3 준비한 잔에 얼음을 채운다.
4 ②를 거름망에 걸러 붓는다.
5 얼음과 잘 섞어 음료를 쿨링한 후 허브잎으로 장식한다.
6 취향에 따라 식용꽃으로 장식한다.

TIP **식용꽃 보관 요령**
허브가 들어간 음료는 식용꽃과 잘 어울리죠. 하지만 식용꽃은 보관이 쉽지 않아 즐겨 사용하기 어렵습니다. 사용 후 남은 식용꽃은 물을 살짝 묻힌 키친타월 위에 올려 밀폐용기에 담아 냉장보관해두고 쓰세요.

알싸한 생강향의 달콤 디저트

진저캐러멜 *Dessert*

실온에 보관하는 딱딱한 캐러멜 말고 냉장실에 보관해두는 생캐러멜을 만들었어요. 캐러멜 제조과정에서 물엿 대신 진저베이스를 넣으면 달콤하면서도 깊은 생강향의 캐러멜을 만들 수 있습니다. 완성 후 하나씩 유산지로 포장해 밀폐용기에 담아 냉장보관해요.

ASSEMBLE

Base
생강베이스 50g *P164 참고

Liquid
생크림 350g, 물 50ml

Point
설탕 200g, 가염버터 15g, 소금 1g

RECIPE

1. 생강베이스와 생크림을 섞어 전자레인지에 30초간 따끈하게 데운다.
2. 냄비에 설탕과 소금, 물을 넣고 센불로 젓지 않고 가열한다.
3. ②의 설탕이 모두 녹고 갈색빛이 돌기 시작하면 ①을 조금씩 넣어가며 저어준다.
4. 끓기 시작하면 약불로 바꿔 계속 젓는다. 바닥부터 부글부글 느리게 끓어오르면 버터를 넣어 녹인 후 불을 끈다.
5. ④를 물에 약간 떨어뜨렸을 때 퍼지지 않고 모양이 유지되면 완성이다.
6. 적당한 틀에 유산지를 사방으로 깔고 ⑤를 부어 식힌다.
7. 한김 식으면 냉장실에서 반나절 동안 굳혀 적당한 크기로 썰어 개별포장한다.

TIP 음료용 버터 고르기

모든 레시피의 버터는 무염버터를 기준으로 하지만 이 레시피의 경우 가염버터를 사용해요. 15g씩 소분된 라콩비에트 플뢰르드셀 버터를 추천해요. 완성 시 시판 캐러멜보다 당도는 낮지만 단맛은 그대로 느껴집니다.

CARROT BASE
TOMATO BASE
GINGER BASE
BEET BASE

비트베이스
냉장보관 1개월 / 냉동보관 2개월

최근 abc 주스가 유명해지면서 음료용 채소로 비트가 주목받고 있죠. 비트는 자르면 히비스커스만큼이나 진한 붉은빛을 띕니다. 비트의 붉은 색소는 베타인이라는 성분으로 세포손상 억제와 항산화 효능이 있습니다. 비트는 파인애플이나 배 등 수분이 많은 과일과 적절히 섞어 베이스를 만드는데, 실온에 방치하면 금세 비트와 파인애플즙이 뭉치면서 덩어리지기 쉽습니다. 한 번에 많은 양의 베이스를 만들기보다 적절한 양을 만들어 사용하세요. 수분 양이 적은 비트를 구입했다면 파인애플주스 100ml를 레시피 ③ 단계에 추가해주세요. 파인애플주스와 설탕, 소금을 함께 끓여 식힌 뒤 파인애플과 비트에 부어줍니다. 생파인애플 대신 통조림 파인애플을 사용해도 좋은데 이때는 설탕의 양을 반으로 줄입니다.

VEGETABLE BASE

→ **비트 고르는 방법**
비트는 둥글고 표면이 매끄러운 것을 골라야 합니다. 반 갈랐을 때 단면이 진한 붉은색이 가장 신선한 상태죠. 구입 후에는 수분이 날아가지 않도록 신문지로 싸서 냉장보관합니다.

비트베이스

ASSEMBLE 용량 500g

비트 200g, 파인애플 600g, 설탕 400g, 소금 3g

RECIPE

1. 비트는 껍질째 세척해 사방 1cm 크기로 자른다.
2. 파인애플은 과육만 준비해 비트와 같은 크기로 자른다.
3. 볼에 비트와 파인애플, 그리고 설탕 1/2 분량, 소금을 넣고 1시간 동안 절인다.
4. 설탕과 소금이 모두 녹으면 착즙기에 넣어 즙을 낸다.
5. ④에 남은 분량의 설탕을 넣고 골고루 섞는다.
6. 소독한 병에 담아 냉장보관한다.

이렇게 활용해요!
⊕ 적은 양으로도 음료에 넣으면 천연 색소의 역할을 해요.
⊕ 밀가루 반죽에 섞으면 예쁜 색과 독특한 향미를 냅니다.
⊕ 비트베이스는 특유의 향이 있으니 적정량을 꼭 지켜요.

VEGETABLE BASE

와인빛 논칵테일 음료
비트라즈베리에이드 *Cool*

식사에 곁들일 음료를 떠올리며 만든 음료입니다. 육류요리에 와인 대신 논알코올의 와인빛 음료는 어떤가요. 음료 사이의 붉은 라즈베리가 포인트예요. 비트베이스는 플레인보다는 라임향이나 자몽향의 탄산수와 매칭하는 게 좋아요.

ASSEMBLE

Base
비트베이스 50g *P176 참고

Liquid
자몽향 탄산수 200ml, 얼음 1컵

Point
레몬즙 15g

Garnish
라즈베리 4~5개, 레몬 조각 약간

RECIPE

1 준비한 잔에 비트베이스를 넣는다.
2 분량의 레몬즙을 넣어 골고루 섞는다.
3 얼음의 절반 분량만 넣고 그 위에 라즈베리를 넣는다.
4 남은 얼음을 모두 넣어 잔 끝까지 채운다.
5 자몽향 탄산수를 부어 가볍게 저어 마무리한다.
6 장식용 라즈베리와 레몬 조각을 올린다.

TIP 액체 용량에 따른 잔 선택법

레시피의 용량만 보고 잔을 선택하기는 쉽지 않죠. 간단한 힌트를 드리면, 레시피 속 액체의 총량이 250ml 정도면 톨사이즈(14온즈) 크기의 잔이 적당합니다. 만약 액체 총량이 300ml 정도라면 그란데사이즈(16온즈) 잔이 필요해요. 그 이상이면 벤티사이즈 컵을 준비하세요.

비트베이스로 만드는 초간단 건강식

ABC주스 *Cool*

Apple, Beet, Carrot를 넣어 만든 주스를 ABC주스라고 하죠. 몸속에 쌓인 노페물 배출에 탁월해 건강에 관심이 있거나 다이어터에게 인기가 높습니다. 보통 착즙주스나 약간의 물을 넣고 갈은 스무디로 즐기죠. 오늘은 비트베이스를 이용해 사과와 당근만 갈아 간단하게 만들어요.

ASSEMBLE

Base
비트베이스 60g *P176 참고

Liquid
물 200ml

Point
당근 100g, 사과 100g

RECIPE

1 당근은 껍질까지 깨끗하게 세척해 깍둑썬다.

2 사과도 세척해 씨를 제거한 뒤 당근과 같은 크기로 자른다.

3 블렌더에 깍둑썬 당근과 사과를 담는다. 당근이 제대로 갈리지 않으면 깍둑썬 당근을 전자레인지에 30초간 돌려 간다.

4 ③에 비트베이스와 물을 넣어 고속으로 곱게 간다.

5 준비한 잔에 따르거나 병에 담아 즐긴다.

TIP 블렌더에 재료 넣는 순서

채소와 과일을 블렌더에 갈 때는 딱딱한 순서대로 넣어요. 만약 얼음이 있다면 얼음을 먼저 넣고, 당근이나 비트처럼 딱딱한 타입을 먼저 넣어야 블렌더가 헛돌지 않아요. 액체는 마지막에 넣어요.

VEGETABLE BASE

VEGETABLE BASE

비오는 날의 향이 가득

비트레몬티 *Hot*

비트를 레몬과 섞어 따뜻하게 마셔보세요. 레몬밤티를 뜨겁게 우려 넣어주면 더 빠르게 흡수된답니다. 비 내리는 서늘한 날에 잘 어울리는 티예요. 비가 적셔주는 땅 냄새와 비트의 흙향이 아주 매력적으로 다가올 거예요.

ASSEMBLE

Base
비트베이스 70g *P176 참고

Liquid
뜨거운 물 300ml, 레몬즙 10ml

Point
레몬밤티백 1개(2g)

Garnish
레몬 슬라이스 1개

RECIPE

1 뜨거운 물 300ml에 레몬밤티백을 넣고 4분간 우린다.
2 차를 우리는 동안 준비한 잔에 뜨거운 물을 부어 예열한다.
3 예열한 잔에 비트베이스와 레몬즙을 넣고 섞는다.
4 ①의 우린 레몬밤티를 부어 섞는다.
5 레몬 슬라이스를 띄워 완성한다.

| TIP | 비트와 어울리는 허브 선택하기 |

로즈마리나 페퍼민트 등 향이 강하고 초록색 잎을 가진 허브티도 비트베이스와 잘 어울립니다. 펜넬은 비트와 만나면 느끼한 맛이 강해지고, 레몬버베나는 비트와 맛의 밸런스가 맞지 않으니 피해주세요.

183

핑크색 속살의 바삭함

비트크랜베리스콘 *Dessert*

기본 스콘 반죽에 베이스를 섞으면 다양한 컬러의 스콘을 만들 수 있어요. 크랜베리를 베이스에 절이듯 미리 섞어두면 비트베이스의 강한 맛을 중화시킬 수 있습니다.

ASSEMBLE

Base
비트베이스 60g *P176 참고

Liquid
생크림 100g, 달걀 1개

Powder
박력분 340g, 무염버터 140g, 설탕 30g, 베이킹파우더 13g, 소금 2g

Point
크랜베리 70g, 비트베이스 10g

Garnish
달걀물 약간

RECIPE

1. 크랜베리는 뜨거운 물에 1분간 담갔다가 헹군다.
2. 키친타월로 크랜베리의 수분을 제거한 뒤 비트베이스 10g에 버무려 전처리한다.
3. 푸드프로세서에 박력분과 무염버터, 설탕, 베이킹파우더, 소금을 넣고 버터가 팥알크기가 될 때까지 중속으로 돌린다.
4. 비트베이스 60g, 생크림, 달걀을 섞어 ③에 넣고 중속으로 다시 한 번 반죽한다.
5. 마지막에 ②를 넣고 푸드프로세서를 흔들며 5초간 반죽한다.
6. 저울에 반죽을 올려 70~80g씩 뭉쳐 오븐팬에 팬닝한다.
7. 반죽 위에 달걀물을 바르고, 170℃로 예열한 오븐에서 20분간 구워낸다.

TIP 원하는 색에 따라 온도를 조절

스콘을 구울 때는 원하는 표면의 색에 집중하세요. 플레인 스콘의 경우 굽는 온도가 180℃가 일반적이지만, 초록색이나 붉은색을 표현하고 싶을 때는 170℃로 낮춰 구우면 구움색이 더 뚜렷하게 표현됩니다. 온도가 낮아지는 대신 굽는 시간은 3~5분 더 늘려줍니다.

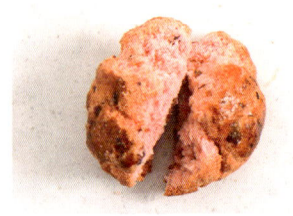

VEGETABLE BASE

진한 농도로 맛의 볼륨감을 조절

커피베이스는 단연코 저의 킬링 포인트죠. 여러 가지 향과 맛의 커피베이스를 만들어두고 커피 메뉴와 디저트에 향료처럼 활용합니다. 커피베이스를 조금만 더해도 바닐라라떼, 달고나커피 등의 음료는 물론 풍미가 다른 머핀과 브라우니 등의 디저트도 만들 수 있습니다. 과일베이스보다 농도가 진해 사용기간도 긴 편이지만, 재료와 제조방법에 따라 각각 다르므로 사용기간을 꼭 숙지해야 합니다. 점도가 높은 모카에스프레소베이스는 병이 아닌 튜브에 보관해야 사용하기 편해요. 냉장보관 후 사용 전에 꺼내어 실온상태로 두었다가 사용하세요.

산미가 낮고 다크한 원두를 사용

커피베이스는 산미가 낮고 다크한 원두로 만듭니다. 완성한 베이스의 보관기간이 길어지면 덩달아 산미가 도드라져 시큼한 맛이 날 수 있기 때문이죠. 가격 면에서도 너무 비싼 원두보다는 다크하게 로스팅된 에스프레소용 원두를 권합니다. 커피베이스를 만들 때는 생각보다 많은 커피가 필요한데, 반드시 즉석에서 추출한 온기가 있는 커피에 설탕을 녹여주세요. 설탕에 커피향이 감싸지면서 풍미가 살아납니다. 백설탕이 기준인 다른 베이스와 달리 커피베이스에는 황설탕, 유기농설탕 등 다양한 설탕의 사용이 가능합니다.

SECTION 3

Coffee Base
커피베이스

커피베이스의 장점은 진한 농도에 있습니다. 약간만 사용해도 음료의 맛과 향을 바꿔 놓죠. 카페를 가지 않아도, 물을 끓이지 않아도 특별한 커피 메뉴를 만들 수 있어요. 굳이 에스프레소가 아니라도 괜찮습니다. 헤이즐넛커피, 인스턴트커피 등으로 커피향의 강약을 조절해보세요. 음료와 디저트에서 주재료, 부재료로 활용 가능합니다. 과일베이스와는 또 다른 매력의 커피베이스로 안내합니다.

COLD BREW BASE
INSTANT COFFEE BASE
CINNAMON ESPRESSO BASE
VANILLA ESPRESSO BASE
HAZELNUT ESPRESSO BASE
MOCHA ESPRESSO BASE

COLD BREW BASE
INSTANT COFFEE BASE
CINNAMON ESPRESSO BASE
VANILLA ESPRESSO BASE
HAZELNUT ESPRESSO BASE
MOCHA ESPRESSO BASE

콜드브루베이스

냉장보관 2개월 / 냉동보관 4개월

책에 소개한 베이스에는 모두 설탕이 들어가는데, 그중 유일하게 설탕을 넣지 않고 만드는 음료 베이스입니다. 잘게 분쇄한 원두를 찬물에 우려 만드는 콜드브루는 단 음료를 싫어하는 분들에게 추천하는 커피죠. 베이스 역시 농도와 상관없이 당도를 조절할 수 있습니다. 저는 주로 용기 제한이 없는 침출식으로 콜드브루를 만드는데, 위생과 일정한 맛을 위해 생수를 사용합니다. 완성 후에는 반드시 냉장보관하며, 작은 병에 소용량씩 보관해야 산소와의 접촉면을 줄여 품질 유지에도 좋습니다.

COFFEE BASE

→ **원두 고르는 방법**

다양한 음료 베이스용으로는 산미가 강한 원두보다는 맛의 부담이 덜한 다크 로스팅한 원두가 적당해요. 가격대가 높은 원두를 고집할 필요는 없습니다. 다크 로스팅된 브라질 원두나 콜롬비아 원두가 진하고 가성비가 좋아요.

콜드브루베이스

ASSEMBLE 용량 1.5kg

원두 300g, 생수 2L

RECIPE

1. 원두는 드립커피용보다는 미세하게, 에스프레소보다는 조금 굵게 분쇄한다.
2. 준비한 용기에 ①의 분쇄한 원두를 담는다. 원두의 양은 용기의 30% 정도가 적당하다.
3. 분량의 생수 1/3 분량을 붓고 골고루 섞는다.
4. 남은 생수를 붓고 뭉친 것 없도록 섞은 뒤 밀봉해 24시간 냉장보관한다. 뚜껑이 없다면 랩을 씌워 보관한다.
5. 드립커피를 내리는 드리퍼를 준비해 ④를 여과지에 거른다.
6. 소독한 병에 담아 냉장보관한다.

이렇게 활용해요!
⊕ 그대로 얼려 커피큐브로 만들어 사용하면 편해요.
⊕ 아주 옅게 만들면 티처럼 즐길 수 있어요.
⊕ 소독한 병에 담아 그대로 특별한 선물이 됩니다.

COFFEE BASE

얼음으로 즐기는 커피
더치큐브라떼 *Cool*

콜드브루 원액을 얼음 틀에 얼려 커피얼음을 만들어요. 우유나 아몬드밀크만 더해도 커피향 가득한 큐브라떼가 완성됩니다. 다양한 모양의 얼음 틀을 활용해보세요. 커피얼음은 냉동실에서 하루 이상 얼렸다 사용해요.

ASSEMBLE

Base
콜드브루베이스 얼음 100g *P190 참고

Liquid
우유 200ml, 얼음 1/3컵

RECIPE

1. 얼음 틀에 콜드브루베이스를 부어 냉동실에서 하루 이상 얼린다.
2. 준비한 잔에 얼음을 채운다.
3. 얼음 위에 ①의 콜드브루베이스 얼음을 넣는다.
4. 분량의 우유를 부어 완성한다.
5. 기호에 따라 시럽을 넣어도 좋다.

| TIP | **콜드브루베이스 얼음 만들기**
콜드브루베이스는 냉동실에서 최소 24시간 이상 얼려야 합니다. 일반 물보다 잘 얼지 않으므로 충분히 얼려주세요. |

천천히 음미하는 부드러움
더치크림슈페너 *Cool*

항간에 '더치커피로 차갑게 만들면 아인슈페너, 뜨겁게 만들면 비엔나커피'라는 얘기가 있죠. 비엔나커피의 원래 이름이 아인슈페너랍니다. 오스트리아 빈에서 진한 커피 위에 크림을 올려 마시는 데서 유래한 커피죠. 소문나게 맛있는 아인슈페너를 콜드브루베이스로 만들어보세요.

ASSEMBLE

Base
콜드브루베이스 70g *P190 참고

Liquid
생수 80ml, 얼음 1/2컵

Point
연유생크림{생크림 200g, 휘핑크림 100g, 연유 30g, 설탕 15g}, 설탕 10g

Garnish
타임 약간

RECIPE

1. 준비한 잔에 생수와 콜드브루베이스를 섞는다.
2. 설탕 10g을 넣고 저어가며 잘 녹인다.
3. 휘핑기로 분량의 재료를 모두 섞어 연유생크림을 만든다. 주르륵 흐르는 농도가 알맞다.
4. ②의 컵에 얼음을 채운다.
5. ③의 연유생크림을 ④에 부어 마무리한다.
6. 타임 등의 허브로 장식한 뒤 섞지 말고 기울여 마신다.

TIP | 크림 음료에 어울리는 잔 고르기
아인슈페너처럼 크림을 올리는 음료의 경우 잔 선택이 중요해요. 도자기보다는 유리컵이, 길이가 높은 잔보다는 낮고 넓은 잔이 어울려요. 스푼과 함께 서빙해요.

COFFEE BASE

부기 없애주는 디톡스 음료
더치클린다이어트워터 *Cool*

이뇨작용에 효과적인 우엉차를 콜드브루에 섞어 천연 다이어트 음료를 만듭니다. 우엉차를 뜨겁게 끓여 식히지 않고 생수에 반나절 콜드브루잉해 사용하면 더 간편하죠. 텀블러에 콜드브루와 섞어 냉장실에 두고 수시로 즐겨요.

ASSEMBLE

Base
콜드브루베이스 20g *P190 참고

Liquid
생수 500ml

Point
말린 우엉 3g

RECIPE

1. 생수병에 말린 우엉을 넣고 냉장실에 12시간 정도 두고 우린다.
2. 우엉차가 우려지면 냉장실에서 꺼낸다.
3. 준비한 콜드브루베이스를 용기에 붓는다.
4. 냉침한 우엉차를 넣어 섞는다.
5. 냉장보관해두고 잔에 덜어 마신다.

| TIP | **홈메이드 우엉차 만들기**
국산 유기농 우엉을 세척해 0.1~0.2cm 두께로 슬라이스한 뒤 채반에 널어 바짝 말려요. 마른 팬에 올려 약불에서 갈색이 돌 때까지 덖다가 수분이 완전히 없어지면 지퍼백에 넣어 보관해요.

커피시트와 크림치즈의 앙상블

콜드브루티라미수 *Dessert*

맛있는 커피베이스만 있다면 누구나 뚝딱 만들 수 있는 디저트가 티라미수죠. 오늘은 콜드브루로 만든 커피베이스로 커피향 시트를 만듭니다. 티라미수엔 소량의 알코올이 들어가지만 빼고 만들어도 괜찮아요. 커다란 통에 만들어 푹 떠서 즐겨요.

ASSEMBLE

Base
콜드브루베이스 120g *P190 참고

Liquid
깔루아밀크 10ml

Point
설탕 40g, 마스카포네크림치즈 300g,
시판 핑거쿠키 6개

Garnish
카카오파우더 적당량

RECIPE

1 콜드브루베이스에 깔루아밀크와 설탕을 녹여 티라미수 시럽을 만든다.
2 준비한 용기나 접시에 핑거쿠키 3개를 넣는다.
3 ①의 시럽 1/2 분량을 핑거쿠키에 골고루 뿌려 커피향 시트를 만든다.
4 ③에 마스카포네크림치즈 1/2 분량을 덜어 평평하게 스프레드한다.
5 다른 용기에 남은 핑거쿠키를 담고 ①의 남은 시럽을 넣고 적신다.
6 ④ 위에 ⑤를 올린 뒤 남은 마스카포네크림치즈를 펴고 카카오파우더를 뿌려낸다.

| TIP | **냉장실에서 24시간 숙성시키기**
완성한 티라미수는 밀폐용기에 넣어 24시간 냉장보관하면 풍미가 훨씬 깊어져요. 대용량이 아니라면 냉동보관은 피하세요. 조금씩 만들어 냉장해두고 즐겨요. |

COFFEE BASE

3 SECTION

COLD BREW BASE
INSTANT COFFEE BASE
CINNAMON ESPRESSO BASE
VANILLA ESPRESSO BASE
HAZELNUT ESPRESSO BASE
MOCHA ESPRESSO BASE

인스턴트커피 베이스

냉장보관 3개월 / 냉동보관 6개월

매일 같이 아메리카노를 달고 사는 분들도 가끔은 달달한 인스턴트커피 한 잔이 생각날 때가 있죠. 인스턴트커피는 커피를 추출하자마자 공중에 분사해 동결건조시켜 만드는데, 필터에 따로 거를 필요 없이 물에 바로 녹아 편리하죠. 인스턴트커피베이스를 만들 때는 입자 크기가 다른 두 종류의 커피를 섞으면 그 맛이 풍부해집니다. 책에 소개한 베이스는 입자가 큰 국내산 커피와 입자가 작고 향이 강한 베트남커피를 섞어 만듭니다. 베트남커피 대신 인스턴트 헤이즐넛커피나 인스턴트 아이리시와 섞어 사용해도 좋아요.

인스턴트커피 고르는 방법
입자 크기가 다른 두 종류의 인스턴트커피를 섞는 게 맛있는 인스턴트커피베이스를 만드는 비결입니다. 특히 베트남커피는 가격도 저렴하고 특유의 고소한 향이 있어 음료 베이스를 만들기에 좋죠. G7, 킹커피 등이 유명해요.

인스턴트커피베이스

ASSEMBLE 용량 600g

맥심 오리지널커피 100g, G7 블랙커피 50g, 설탕 300g, 뜨거운 물 500ml

RECIPE

1 볼에 분량의 설탕을 넣고 100℃ 이상의 끓인 물을 붓는다.
2 설탕 입자가 사라지고 투명해질 때까지 저어가며 녹인다.
3 커피 입자가 큰 맥심 오리지널커피부터 넣는다.
4 커피의 입자가 70% 이상 녹는 것을 확인한다.
5 커피 입자가 작은 G7 블랙커피를 넣어 모두 녹인다.
6 설탕과 커피가 모두 녹아 액체화되면 소독한 병에 담는다.

이렇게 활용해요!
⊕ 원두로 만든 에스프레소베이스가 없을 때 사용하기 좋아요.
⊕ 탄산수나 소이밀크, 아몬드밀크와도 잘 어울려요.
⊕ 생크림 휘핑 시 소량 넣으면 색다른 휘핑크림이 완성되어요.

COFFEE BASE

달콤한 다방커피 한 잔
오마주투333 *Cool & Hot*

달콤한 다방커피를 모티브로 한 음료입니다. 커피와 프림, 설탕을 섞어 정성껏 젓는 다방 커피맛을 재현했죠. 프림 대신 연유를 넣어 깊은 우유 맛은 물론 달콤함까지 더해요. 뜨거운 밀크커피로, 얼음을 넣은 시원한 여름 커피로 즐겨보세요.

ASSEMBLE

Base
인스턴트커피베이스
Cool 60g *Hot* 50g *P202 참고

Liquid
Cool 우유 250ml, 얼음 2/3컵
Hot 우유 250ml

Point
연유 10g

RECIPE

Cool
1. 준비한 잔에 얼음을 채운다.
2. 분량의 우유를 붓고 연유를 넣어 골고루 섞는다.
3. 인스턴트커피베이스 60g을 붓는다.
4. 연유가 뭉치지 않도록 다시 한 번 섞어 완성한다.

Hot
1. 준비한 잔에 뜨거운 물을 부어 예열한다.
2. 예열한 잔에 인스턴트커피베이스 50g과 연유를 넣고 잘 섞는다.
3. 분량의 우유를 뜨겁게 데운다.
4. ②에 뜨거운 우유를 2~3번 나누어 넣어가며 섞는다.

| TIP | 홈메이드 연유 만들기 |

연유는 우유와 설탕을 졸여 끈적하게 농축시켜 만들죠. 넉넉한 냄비에 우유 500ml와 설탕 200g을 넣어 우유가 끓어오르면 약불로 15분간 졸입니다. 눌어붙지 않도록 주걱으로 바닥을 긁듯 계속 저어가며 끓여요. 차게 식혀 소독한 병에 담아 냉장보관해두고 2주 내로 사용해요.

코리안 캔디 커피

달고나커피 *Cool*

달고나는 이제 세계적으로 유명한 '코리안 캔디'가 되었죠. 달고나를 커피에 녹여 달콤쌉싸름한 음료를 만들어요. 레시피에서 인스턴트커피베이스만 빼면 아이용 음료로 즐길 수 있습니다. 달고나는 직접 만들어도 좋고, 시판제품을 사용해도 좋아요.

ASSEMBLE

Base
인스턴트커피베이스 40g *P202 참고

Liquid
우유 250ml, 얼음 2/3컵

Point
달고나 20g

RECIPE

1 준비한 잔에 인스턴트커피베이스를 넣는다.
2 ①의 잔에 얼음을 채운다.
3 얼음 위의 빈 공간에 달고나를 올리고 우유를 붓는다.
4 달고나를 얼음과 함께 저어가며 즐긴다.

TIP 실패 없는 달고나 만드는 요령

달고나는 만들기가 쉽지 않죠. 물 50ml에 설탕 150g을 넣어 젓지 말고 그대로 가열해요. 옅은 황금색이 돌면 불을 끈 뒤 베이킹소다 3g을 넣고 빠르게 저어 시트 위에 부어서 굳힙니다. 포인트는 설탕이 녹고 색이 변하는 시점에 베이킹소다를 넣는 거예요. 완성해 밀폐용기에 실리카겔과 함께 넣어 실온보관해요.

COFFEE BASE

207

COFFEE BASE

커피와 탄산이 만나면

커피피즈 *Cool*

제가 아메리카노 다음으로 즐겨 마시는 음료예요. 무색 탄산음료 200㎖에 에스프레소 2샷을 넣어 만드는데, 당도 없는 탄산수에 인스턴트커피베이스를 넣어도 그 맛이 훌륭하죠. 많은 사람들이 모이는 파티용 음료로도 제격입니다.

ASSEMBLE

Base
인스턴트커피베이스 30g *P202 참고

Liquid
탄산수 200㎖, 얼음 1컵

Point
레몬 슬라이스 약간

Garnish
로즈마리 1줄기

RECIPE

1 준비한 유리잔에 얼음을 가득 채운다.
2 인스턴트커피베이스를 넣고 탄산수를 붓는다.
3 레몬 슬라이스를 넣어 향이 배어들도록 섞는다.
4 로즈마리 줄기를 장식용으로 띄운다.

TIP | **시판 음료에 에스프레소 더하기**
콜라 200㎖에 에스프레소 1샷과 얼음을 채우면 색다른 커피피즈를 즐길 수 있어요. 아이스티 캔음료 250㎖에 에스프레소 2샷을 추가하면 '아샷추'라는 메뉴가 완성됩니다.

인스턴트커피로 만드는

커피까눌레 *Dessert*

겉은 바삭하고 속은 촉촉한 까눌레. 맛은 좋은데 만들기가 쉽지 않죠. 브론즈 틀에 밀납을 발라 사용해도 좋지만 실리콘 틀에 버터만 코팅해 만들어도 된답니다. 보통은 까눌레에 럼주를 넣는데, 인스턴트커피베이스까지 더하면 풍미가 배가되지요. 커피버터크림은 직접 만들어 사용해요.

ASSEMBLE

Base
인스턴트커피베이스 15g *P202 참고

Liquid + Powder
우유 250ml, 버터 13g, 달걀노른자 20g,
전란 15g, 럼주 10g, 강력분 30g,
박력분 35g, 설탕 120g

Point
굵게 부순 원두 10g

Garnish
커피버터크림 적당량, 원두 약간

RECIPE

1. 냄비에 분량의 우유와 버터, 굵게 부순 원두를 넣어 70℃까지 데운 뒤 불을 끈다.
2. 40℃까지 식으면 강력분과 박력분, 설탕을 체쳐 넣고 섞는다.
3. ②에 인스턴트커피베이스, 달걀노른자, 전란, 럼주를 넣어 섞는다.
4. 그대로 체에 걸러 냉장실에서 8시간 휴지시킨다.
5. 반죽을 실온에 꺼내 냉기가 사라지면 한 번 더 체에 거른다.
6. 준비한 틀에 녹인 버터를 약간 바르고 반죽을 90% 팬닝한다.
7. 220℃로 예열한 오븐에서 20분 구운 후, 180℃로 낮춰 30분 더 구워 완성한다.
8. 완전히 식은 까눌레 가운데에 커피버터크림을 조금 올려 장식하고 원두를 그 위에 올려 장식한다.

TIP 장식용 커피버터크림 만들기

인스턴트커피베이스와 설탕은 각 20g씩, 무염버터 160g, 달걀노른자 2개, 우유 50ml를 준비해요. 팬에 설탕과 달걀노른자, 우유를 넣고 약불에서 젓다가 냄비 바닥에 주걱 자국이 뚜렷히 생기면 불에서 내립니다. 식기 전에 인스턴트커피베이스를 넣고 실온 무염버터를 3회 나눠 섞어 완성해요. 짤주머니에 담아 냉장보관해두고 3일 이내로 사용해요.

COFFEE BASE

3 SECTION

COLD BREW BASE
INSTANT COFFEE BASE
CINNAMON ESPRESSO BASE
VANILLA ESPRESSO BASE
HAZELNUT ESPRESSO BASE
MOCHA ESPRESSO BASE

시나몬 에스프레소베이스

냉장보관 2개월 / 냉동보관 4개월

세계 3대 향신료인 시나몬은 커피와 잘 어울리는 대표적인 향신료입니다. 음료부터 디저트까지, 스파이시한 시나몬의 향과 깊은 커피향이 앙상블을 이루는 메뉴가 많죠. 시나몬은 육계나무의 말린 껍질로, 원산지에 따라 '실론 시나몬(시나몬)', '차이나 시나몬(계피)'으로도 불려요. 각각 풍미와 맛에 차이가 있어 원하는 맛을 연상한 후 골라 사용합니다. 시나몬향이 부담스럽지 않다면 몇 가지 향신료에 더 도전해볼 수 있는데, 기본 레시피에서 시나몬파우더 15g에 넛맥파우더 5g을 섞으면 크리스마스 블렌딩 연출도 가능해요. 베이스용 에스프레소의 농도는 원두 20g을 연속 추출버튼으로 100ml 추출하는 정도가 적당합니다.

→ **시나몬 고르는 방법**

시나몬과 계피는 맛에서도 차이가 있습니다. 시나몬은 단맛이, 계피는 매운맛이 강하죠. 계피는 한약재로도 사용되는데 이중 베트남육계를 으뜸으로 꼽아요. 책에 사용한 시나몬은 청량한 단맛 위주의 스리랑카산 시나몬이에요.

시나몬에스프레소 베이스

ASSEMBLE 용량 400g

에스프레소 400ml, 시나몬스틱 50g, 시나몬파우더 20g, 설탕 250g

RECIPE

1. 시나몬파우더와 설탕을 섞어 시나몬설탕을 만든다.
2. 분량의 에스프레소샷을 추출한다.
3. 에스프레소가 뜨거울 때 ①에 부어 섞는다.
4. 설탕이 모두 녹으면 시나몬스틱을 넣고 냉장실에서 48시간 침지시킨다.
5. ④를 체에 걸러 시나몬스틱을 제거한다. 더 깔끔한 베이스를 원하면 거름망에 한 번 더 거른다.
6. 소독한 병에 담아 냉장보관한다.

이렇게 활용해요!

⊕ 소량만 넣어도 깊은 맛의 카푸치노를 만들 수 있어요.
⊕ 베이킹 시 시나몬 대신 넣으면 커피향까지 우러나와 더 맛나요.
⊕ 돼지고기 요리에 사용하면 잡내를 제거해요.

COFFEE BASE

오렌지&커피 그라데이션
시나몬오렌지라떼 *Cool*

시나몬과 오렌지의 조합에 도전해보세요. 외국에서는 오렌지 디저트에 시나몬파우더를 솔솔 뿌리기도 하죠. 시나몬에스프레소베이스로 커피와 우유 사이에 엣지를 냅니다. 오렌지비앙코처럼 오렌지가 씹히니 스트로로 잘 섞어 즐겨요.

ASSEMBLE

Base
시나몬에스프레소베이스 40g *P214 참고

Liquid
우유 200ml, 얼음 2/3컵

Point
오렌지절임 40g

Garnish
오렌지 슬라이스 2개

RECIPE

1 준비한 잔 바닥에 오렌지절임을 넣는다.
2 ①에 얼음을 채우고 시나몬에스프레소베이스를 넣는다.
3 얼음 위로 우유를 조심히 부어 오렌지절임과 시나몬에스프레소베이스, 우유 3가지 경계를 만든다.
4 오렌지 슬라이스 1개는 음료 위에 띄우고, 1개는 반 잘라 장식한다.

TIP **오렌지절임 만들기**
오렌지는 칼로 잘게 다지고 오렌지 양 80% 정도의 설탕을 섞어 하루 이상 냉장보관해요. 이때 오렌지 과육의 하얀 심 부분은 모두 제거해야 쓴맛이 없어요.

넘버원 커피 스무디
카푸치노프라프치노 *Cool*

제가 최고로 꼽는 커피 스무디가 바로 시나몬향이 맴도는 프라프치노입니다. 부드럽고 진한 아이스크림을 더해보세요. 미리 만들어둔 시나몬에스프레소베이스만 있다면 홈카페에서도 손쉽게 프라프치노를 완성할 수 있어요.

ASSEMBLE

Base
시나몬에스프레소베이스 80g *P214 참고

Liquid
우유 100ml, 얼음 100g

Point
바닐라아이스크림 120g, 휘핑크림 적당량

Garnish
로투스과자 약간, 시나몬스틱 1개

RECIPE

1. 블렌더에 얼음 〉바닐라아이스크림 순으로 넣는다. 단단한 재료가 하단에 있어야 잘 갈린다.
2. ① 위에 우유와 시나몬에스프레소베이스를 넣는다.
3. 블렌더로 고속으로 곱게 간다.
4. 준비한 잔에 따르고, 상단에 휘핑크림을 올린다.
5. 로투스과자를 잘게 부수어 장식처럼 뿌리고, 시나몬스틱을 비스듬히 올려 완성한다.

TIP | **음료에 과자 토핑하기**
휘핑크림 위에 캐러멜이나 초코시럽을 드리즐하는 대신 정키한 과자를 분쇄해 뿌려도 어울려요. 로투스과자나 오레오쿠키처럼 투박한 쿠키를 약간 크게 부수어 올려요.

COFFEE BASE

COFFEE BASE

뜨겁게, 차갑게 즐기는
시나몬원앙밀크티 *Cool & Hot*

커피와 홍차를 섞어 만드는 밀크티를 원앙밀크티라고 합니다. 은은한 시나몬향의 커피베이스로 만드는데, 이때 당도를 설탕이 아닌 연유로 잡습니다. 진하고 향긋한 이국적인 밀크티를 만드는 방법이죠. 에그타르트와 찰떡 궁합이에요.

ASSEMBLE

Base
시나몬에스프레소베이스 *P214 참고
Cool 20g *Hot* 15g

Liquid
Cool 우유 200ml, 얼음 1컵
Hot 우유 220ml

Point
Cool 연유 15g, 잉글리시브렉퍼스트 8g
Hot 연유 15g, 잉글리시브렉퍼스트 5g

RECIPE

Cool

1 냄비에 우유 200ml를 넣고 중불로 가열한다.
2 우유가 끓어오르기 직전에 불을 끄고, 잉글리시브렉퍼스트 8g을 넣어 4분간 우린다.
3 ②의 완성한 밀크티를 거름망에 걸러 미지근하게 식힌다.
4 준비한 잔에 시나몬에스프레소베이스 20g과 연유를 넣는다.
5 얼음을 가득 채우고 ③을 붓는다.

Hot

1 냄비에 우유 220ml를 넣고 중불로 가열한다.
2 우유가 끓어오르기 직전에 불을 끄고, 잉글리시브렉퍼스트 5g을 넣어 4분간 우린다.
3 준비한 잔에 시나몬에스프레소베이스 15g과 연유를 넣고 잘 섞는다.
4 ②를 거름망에 걸러 ③에 붓는다.
5 내용물이 모두 섞이도록 잘 저어 음용한다. 시나몬스틱을 장식해도 좋다.

TIP	**무가당 연유로 당도 낮추기**
	음료에 연유를 넣으면 단맛 외에도 우유의 풍미가 살아나죠. 이때 단맛이 부담스럽다면 무가당 연유를 사용해도 좋아요. 무가당 연유는 포털사이트에 '카네이션밀크' 라고 검색하면 쉽게 구할 수 있어요.

3   SECTION

커피 시나몬 디저트
시나몬브레드푸딩 *Dessert*

식빵 한 봉지를 구입하면 꼭 한두 장 남기게 되죠. 이때 활용하기 좋은 레시피입니다. 커피향 가득 브런치 메뉴로도 손색없습니다. 오븐 없이 에어프라이어로 만들 수 있으니 따듯하게 구워 모닝 티타임을 가지세요.

ASSEMBLE

Base
시나몬에스프레소베이스 20g *P214 참고

Sheet
우유 100ml, 가염버터 15g, 달걀 40g, 설탕 15g, 식빵 4장

Point
라즈베리와 블루베리 약간씩, 설탕 10g

Garnish
슈거파우더와 애플민트 약간씩

RECIPE

1 볼에 우유와 버터를 넣고 전자레인지에서 버터가 녹을 때까지 돌린다.

2 ①에 실온 달걀을 풀어 섞는다.

3 ②에 시나몬에스프레소베이스와 설탕 15g을 섞어 소스를 완성한다.

4 식빵은 2장씩 겹쳐 한입크기로 잘라 내열용기에 넣어가며 스푼으로 소스를 뿌린다.

5 상단에 남은 소스를 넉넉히 두르고 설탕 10g을 솔솔 뿌린다.

6 170℃로 예열한 오븐이나 에어프라이어에서 10분 굽는다.
   에어프라이어는 170℃로 예열해 180℃에서 10~15분간 굽는다.

7 라즈베리와 블루베리를 올리고 슈거파우더를 뿌린 후 애플민트로 장식한다.

TIP 발효빵은 무엇이든 OK
식빵이 없더라도 모닝빵, 통밀빵, 브리오슈 등 발효해서 만든 빵이 있다면 상관없습니다. 먹다 남은 빵을 지퍼백에 넣어 냉동보관해두면 브레드푸딩을 만들기 좋아요.

COFFEE BASE

3 SECTION

COFFEE BASE

COLD BREW BASE
INSTANT COFFEE BASE
CINNAMON ESPRESSO BASE
VANILLA ESPRESSO BASE
HAZELNUT ESPRESSO BASE
MOCHA ESPRESSO BASE

바닐라
에스프레소베이스

냉장보관 2개월 / 냉동보관 4개월

떠올리기만 해도 달달한 향이 맴도는 바닐라! 우리가 흔히 떠올리는 바닐라향은 바닐라나무의 녹색 열매를 발효, 건조해 만든 바닐라빈의 향입니다. 마다가스카르산과 타히티산이 유명한데, 각각 풍미가 달라 음료 컨셉트에 맞춰 선택합니다. 달콤한 초콜릿향과 상큼한 과일향, 플라워향의 마다가스카르산과 달리 타히티산은 진한 카카오향과 말린 자두향, 은은한 우디향, 아니스향이 느껴져요. 보통 파우더처럼 사용하거나 도수가 높은 증류주에 바닐라빈을 인퓨징한 바닐라익스트렉, 바닐라빈을 반 갈라 씨앗과 설탕과 섞은 바닐라설탕으로 사용합니다. 본문에서는 바닐라설탕을 에스프레소에 인퓨징해 바닐라에스프레소베이스를 만듭니다. 바닐라향은 산미가 강한 커피보다는 다크로스팅된 캐러멜향의 커피와 잘 어울립니다. 책에서는 마다가스카르산 바닐라빈을 사용했어요.

3 SECTION

226

COFFEE BASE

→ **바닐라빈 고르는 방법**

최근 바닐라빈 수입업체가 늘어나면서 고메등급의 바닐라빈 구입도 가능해졌습니다. 바닐라빈은 크기가 중요해요. 너무 크면 바닐라빈이 마르며 숙성되는 큐어링 과정이 제대로 이루어지지 않아 곰팡이가 생길 수 있고, 너무 얇으면 빈의 추출이 어려운 단점이 있죠. 적당한 크기를 선택해요.

바닐라에스프레소 베이스

ASSEMBLE 용량 600g

에스프레소 400ml, 바닐라빈 2줄기, 설탕 300g

RECIPE

1. 바닐라빈을 길게 반 갈라 설탕에 비벼가며 바닐라빈의 씨앗을 추출한다.
2. 분량의 에스프레소샷을 추출한다.
3. 에스프레소가 뜨거울 때 ①에 부어 섞는다.
4. 설탕이 모두 녹으면 바닐라빈 줄기를 넣고 실온에서 24시간 침지시킨다.
5. 에스프레소에 담긴 바닐라빈 줄기를 꺼내어 손으로 훑는다.
6. 거름망에 걸러 바닐라빈의 작은 줄기를 제거한 후 소독한 병에 담아 냉장보관한다.

이렇게 활용해요!

⊕ 우유에 섞으면 바로 바닐라라떼가 완성됩니다.
⊕ 알코올과 섞어 칵테일로 즐겨도 맛나요.
⊕ 피낭시에를 만들 때 넣으면 색과 향 모두 잘 어울려요.

COFFEE BASE

바닐라가 에스프레소를 만났을 때
리얼바닐라빈라떼 *Cool & Hot*

바닐라에스프레소베이스로 만들 수 있는 대표적인 바닐라라떼입니다. 한 잔씩 즐겨도 좋지만 1리터 정도의 보틀에 가득 만들어두면 바닐라빈이 우유와 숙성되면서 그 맛이 더욱 풍부해지죠. 레시피에 에스프레소샷을 추가하면 더 진한 커피를 맛볼 수 있어요.

ASSEMBLE

Base
바닐라에스프레소베이스 *P226 참고
Cool 70g   *Hot* 60g

Liquid
Cool 우유 230ml, 얼음 2/3컵
Hot 우유 250ml

Point
Cool 바닐라에스프레소 휘핑크림 적당량

RECIPE

Cool

1 준비한 유리잔에 바닐라에스프레소베이스 70g을 넣는다.
2 잔에 얼음을 채우고 우유 230ml를 부어 섞는다.
3 ② 위에 바닐라에스프레소 휘핑크림을 만들어 올린다.
4 바닐라빈 줄기를 꽂거나 조금 잘라 위에 장식해도 좋다.

Hot

1 준비한 잔을 따뜻하게 예열한 뒤 바닐라에스프레소베이스 60g을 넣는다.
2 우유 250ml를 뜨겁게 데운다.
3 ①에 ②의 데운 우유를 부어 섞는다.
4 취향에 따라 바닐라에스프레소 휘핑크림이나 코코아파우더를 살짝 뿌려도 좋다.

TIP | **바닐라에스프레소 휘핑크림 만들기**

특별한 휘핑크림을 만들어요. 기본 휘핑크림은 생크림 100g에 설탕 10~15g을 휘핑하죠. 이 비율을 달리해 생크림 100g에 설탕 10g, 바닐라에스프레소베이스 8g을 넣고 휘핑하면 커피향과 색이 살짝 도는 크림이 완성됩니다.

VANILLA ESPRESSO BASE

쌉쌀한 홍차 대신 달콤한 라떼로

바닐라버블티라떼 *Cool*

달콤한 바닐라라떼로 만든 버블티입니다. 흑당시럽 대신 바닐라에스프레소베이스를 넣어 향과 맛이 색다르죠. 냉동 타입의 타피오카펄을 사용하면 삶고 졸이는 번거로움을 없이 전자레인지로 익힐 수 있어 간단하게 버블티라떼를 만들 수 있어요.

ASSEMBLE

Base
바닐라에스프레소베이스 40g *P226 참고

Liquid
우유 200ml, 얼음 2/3컵

Point
냉동 타피오카펄 60g

RECIPE

1. 반조리된 냉동 타피오카펄을 전자레인지에 1분간 돌린다.
2. 준비한 잔에 ①의 타피오카펄을 넣는다.
3. 바닐라에스프레소베이스를 넣고 잘 섞는다.
4. 얼음을 채우고 우유를 부어 완성한다.
5. 지름이 넓은 버블티 전용 스트로를 사용해 음용한다.

TIP │ 수제 흑당시럽 만들기

버블티 느낌을 더 내고 싶다면 직접 만든 흑당시럽을 넣어주세요. 다크 마스코바도나 흑설탕 150g과 생수 200ml를 중불로 가열해요. 보글보글 끓기 시작하면 불을 끄고 차게 식혀 냉장보관해 사용해요.

COFFEE BASE

깔끔한 여름의 맛
바닐라커피사냥 *Cool*

유당불내증이 있는 분들을 위한 커피 스무디입니다.
바닐라에스프레소베이스 외에 다른 커피베이스를 사용하거나 섞어도
무방합니다. 여름날 입이 활활 타오르는 매운 음식을 먹고 난 후
소화기처럼 입안을 다스려줄 시원한 디저트입니다.

ASSEMBLE

Base
바닐라에스프레소베이스 60g *P226 참고

Liquid
물 150ml, 얼음 200g

RECIPE

1 블렌더에 분량의 물과 얼음을 넣는다.
2 바닐라에스프레소베이스를 넣고 고속으로 곱게 간다.
3 얼음이 곱게 갈릴 때까지 저속으로 돌려 스무디를 정리한다.
4 준비한 잔에 부어 완성한다.

TIP | **바닐라라떼스무스로 변형하기**

레시피에 우유를 더하면 부드러운 스무디를 즐길
수 있어요. 동량의 바닐라에스프레소베이스에
우유 100ml, 바닐라아이스크림 100g, 얼음
150g을 함께 넣고 고속으로 갈면 부드러운
바닐라라떼스무디가 완성됩니다.

커피맛 버터크림
바닐라라떼컵케이크 *Dessert*

피크닉이나 모임에 작은 컵케이크를 준비해보세요! 직접 컵케이크를 만들어도 좋지만 바닐라라떼 맛이 나는 크림을 만들어 시판 컵케이크 위에 장식만 해도 훌륭하답니다. 컵케이크의 생명은 크림이죠! 다른 베이스를 활용해서 다양한 버터크림을 만들어보세요.

ASSEMBLE

Base
바닐라에스프레소베이스 15g *P226 참고*

Cream
우유 10g, 슈거파우더 140g, 버터 100g

Sheet
시판 초코컵케이크 3개

RECIPE

1 컵케이크는 시판 초코컵케이크로 준비한다.

2 실온 버터와 바닐라에스프레소베이스를 섞어 핸드블렌더로 부드럽게 푼다.

3 ②에 슈거파우더를 넣어 스페츌러로 잘 섞는다.

4 분량의 우유를 섞어 바닐라에스프레소휘핑크림을 완성한다.

5 짤주머니에 모양 깍지를 끼우고 ④를 담아 30분간 냉장보관한다.

6 ①의 컵케이크 중앙에 지름 1cm, 깊이 2cm의 홀을 만든다.

7 냉장실 속 짤주머니를 꺼내 컵케이크의 홀을 채우고 위쪽까지 올려 마무리한다.

TIP 퀵! 컵케이크 만들기
시판 핫케이크 믹스를 반죽해 180℃로 예열한 오븐에서 15분간 직접 구워도 됩니다. 완성한 컵케이크는 차게 식혀 사용하세요. 밀폐용기에 담아 냉동보관해두면 한 달간 사용 가능해요.

COLD BREW BASE
INSTANT COFFEE BASE
CINNAMON ESPRESSO BASE
VANILLA ESPRESSO BASE
HAZELNUT ESPRESSO BASE
MOCHA ESPRESSO BASE

헤이즐넛
에스프레소베이스

냉장보관 2개월 / 냉동보관 4개월

개암나무 열매인 헤이즐넛은 액체로 만들면 수분이 분리되어 천연 그대로의 향을 쓸 수 없죠. 카페 음료에 사용되는 헤이즐넛향 모두 인공 헤이즐넛향입니다. 책에 소개하는 헤이즐넛에스프레소베이스 역시 시판 헤이즐넛시럽에 에스프레소를 섞어 만듭니다. 히든 재료는 볶은 결명자에 있어요. 볶은 결명자에서 나오는 쌉쌀한 맛이 헤이즐넛의 맛을 더욱 돋보이게 해준답니다. 실제 동남아에서는 결명자를 첨가해 밀크티를 만들기도 하죠. 홍차베이스에 결명자를 더하면 한층 이국적인 풍미가 납니다. 만약 디카페인 에스프레소가 있다면 결명자와 함께 베이스를 만드세요.

→ **헤이즐넛시럽 고르는 방법**
시판 중인 헤이즐넛시럽은 만드는 방법에 따라 종류도 다양합니다. 1883, 다빈치, 모닌 제품이 유명하며, 헤이즐넛의 고소한 맛과 향을 즐긴다면 로스티드 타입을 추천합니다. 저는 다빈치 제품을 자주 사용해요.

헤이즐넛에스프레소 베이스

ASSEMBLE 용량 750g

에스프레소 400ml, 시판 헤이즐넛시럽 100ml, 결명자 50g, 설탕 200g

RECIPE

1 분량의 설탕에 결명자를 넣고 골고루 섞는다.
2 분량의 에스프레소샷을 추출한다.
3 에스프레소가 뜨거울 때 ①에 붓는다.
4 그대로 실온에서 24시간 침지 후 거름망으로 결명자를 거른다.
5 ④에 시판 헤이즐넛시럽을 넣어 잘 섞는다.
6 소독한 병에 담아 냉장보관한다.

이렇게 활용해요!
⊕ 물에 희석해 헤이즐넛아메리카노로 마셔도 좋아요.
⊕ 핫초코나 아이스초코 제조 시 소량 넣으면 고급스러운 풍미가 돌아요.
⊕ 버터크림을 만들 때 넣어 색감과 향을 더해요.

COFFEE BASE

진한 라떼에 크림 한스푼
헤이즐넛크림커피 *Cool & Hot*

크림이 올라간 아인슈페너는 카페의 클래식 메뉴에 속하죠.
여기에 헤이즐넛향을 더해 조금 멋을 내봅니다. 크림을 올리는
커피메뉴는 베이스인 커피가 진해야 크림의 맛이 돋보이죠.
헤이즐넛에스프레소베이스로 맛은 진하게, 향은 은은하게 만들어요.

ASSEMBLE

Base
헤이즐넛에스프레소베이스 *P238 참고
Cool 20g *Hot* 20g

Liquid
Cool 에스프레소 2샷, 우유 150ml,
  얼음 1/3컵
Hot 에스프레소 2샷, 우유 180ml

Point
크림{생크림 100g, 휘핑크림 50g, 연유
15g, 설탕 15g}

Garnish
카카오파우더 약간

RECIPE

Cool

1 준비한 잔에 헤이즐넛에스프레소베이스를 넣는다.

2 ①에 우유 150ml를 붓고 얼음을 넣는다.

3 에스프레소를 부어 섞는다.

4 크림 재료를 모두 준비해 핸드블렌더로 휘핑한다. 아이스크림이 반
   정도 녹인 상태로 보일 때 멈춘다.

5 ③에 ④의 크림을 올리고 카카오파우더를 뿌려낸다.

Hot

1 준비한 잔을 뜨겁게 예열한 뒤 헤이즐넛에스프레소베이스를 넣는다.

2 에스프레소를 부어 섞는다.

3 우유 180ml를 스팀해서 뜨겁게 만들어 붓는다.

4 크림 재료를 모두 준비해 핸드블렌더로 휘핑한다. 뾰족하게 크림이
   서면 완성이다.

5 ③에 ④의 크림을 올리고 카카오파우더를 뿌려낸다.

TIP	**수제크림 만들기**
	아인슈페너용 크림은 직접 만들어요. 휘핑크림이 들어간 크림은 유지력이 좋고 윤기가 돌아 사용하기 편리합니다. 남은 크림은 냉장보관해 24시간 내로 사용해요.

3　SECTION

HAZELNUT ESPRESSO BASE

고소함 가득한 커피음료
헤이즐넛라떼 *Cool*

어르신들이 선호하는 라떼 중 하나가 고소한 향이 가득한 헤이즐넛라떼입니다. 헤이즐넛에스프레소베이스만 있다면 우유와 섞어 즉석에서 만들 수도 있죠. 제가 명절이면 부모님을 위해 준비하는 메뉴예요.

ASSEMBLE

Base
헤이즐넛에스프레소베이스 50g
*P238 참고

Liquid
우유 250ml, 얼음 1컵

RECIPE

1　준비한 유리잔에 얼음을 채운다.
2　분량의 우유를 붓는다.
3　헤이즐넛에스프레소베이스를 천천히 붓는다.
4　마블링을 감상하며 스트로로 저어가며 마신다.

TIP	**마블링 순간 잡기**
	헤이즐넛라떼의 묘미는 베이스와 우유의 마블링이죠. 유리잔에 얼음과 우유를 담고 헤이즐넛에스프레소베이스를 따로 준비하여 즉석에서 부어 마시면 마블링의 순간을 조절하며 즐길 수 있어요.

COFFEE BASE

COFFEE BASE

헛개나무차로 만든 아이스커피
두배 고소한 여름커피 *Cool*

더운 여름날 차가운 물이 없어 냉장고에 있던 헛개나무차에 헤이즐넛커피를 섞어 친구와 함께 나눠 마신 기억이 있어요. 그날 이후 친구는 여름만 되면 얼음이 동동 떠 있던 그 고소한 커피가 떠오른다고 하죠. 갈증 해소에 특히 좋아요.

ASSEMBLE

Base
헤이즐넛에스프레소베이스 40g *P238 참고

Liquid
뜨거운물 300ml, 얼음 1컵

Point
헛개나무차티백 1개(2g)

RECIPE

1 뜨거운 물에 헛개나무차티백을 넣고 5분간 우려 차게 식힌다.
2 준비한 잔에 얼음을 채운다.
3 ②에 차게 식힌 헛개나무차를 섞어 아주 차갑게 만든다.
4 헤이즐넛에스프레소베이스를 넣어 마무리한다.
5 우리고 남은 티백을 잔에 넣어 장식처럼 활용해도 좋다.

TIP 대용량으로 만들기
헛개나무차를 우린 물 대신 헛개나무차 원액을 사용하면 한 번에 대용량으로 만들어두고 마시기 좋아요. 헛개나무차 원액은 생수 1리터에 원액 10ml를 희석해 사용해요.

견과류에 커피향 입히기

커피플레이버 그레놀라 *Dessert*

일주일에 한 번 직접 원하는 재료로 신선한 그레놀라를 만들어요. 호두, 피칸, 아몬드, 해바라기씨, 호박씨 등의 견과류에 헤이즐넛 커피향을 더하면 아침식사로도 잘 어울립니다. 견과류는 전처리를 해야 그레놀라로 만들었을 때 맛이 한결 깔끔하죠. 예쁜 통에 담아 선물하기에도 좋아요.

ASSEMBLE

Base
헤이즐넛에스프레소베이스 30g *P238 참고

Liquid
올리브유 30g, 메이플시럽 30g

Point
오트밀 250g, 소금 2g

Garnish
말린 크랜베리와 아몬드 등 견과류 250g

RECIPE

1. 건과일을 제외한 견과류는 끓는 물에 2~3분 데쳤다가 물기를 털고 130℃의 오븐에서 10분 구워 전처리해 완전히 식힌다.

2. 볼에 ①과 오트밀, 올리브유, 메이플시럽, 소금, 헤이즐넛에스프레소베이스를 넣고 주걱으로 잘 섞는다.

3. 수분이 오트밀에 스며드는 동안 오븐을 170℃로 예열한다.

4. ②를 오븐팬에 넓게 펼쳐 170℃의 오븐에서 10분간 굽는다.

5. ④에 건과일을 넣고 한 번 섞은 후 다시 170℃의 오븐에서 3분간 돌려 완성한다. 건과일은 미리 구우면 매우 딱딱해지니 주의한다.

TIP 오트밀 구입하기

오트밀은 볶은 귀리를 납작하게 눌러 압착귀리로도 불러요. 아침식사 대용으로 애용하는 곡물이죠. 만약 직구로 구매한다면 롤드오트를 찾으세요. 압착귀리에 크리스피오트를 넣으면 식감이 더욱 좋아져요.

3 SECTION

COFFEE BASE

COLD BREW BASE
INSTANT COFFEE BASE
CINNAMON ESPRESSO BASE
VANILLA ESPRESSO BASE
HAZELNUT ESPRESSO BASE
MOCHA ESPRESSO BASE

모카
에스프레소베이스

냉장보관 2주 / 냉동보관 1개월

초콜릿과 에스프레소를 섞어 만든 베이스입니다. 평소 일반 초코시럽이 너무 달고 무겁게 느껴졌다면 모카시럽을 음료 베이스로 사용해보세요. 모카는 커피와 초콜릿향의 혼합물을 말하는데 일반적으로는 초콜릿소스, 우유, 커피를 혼합한 음료를 말하죠. 한 번 만들어두면 음료, 칵테일, 베이킹 등 여러모로 활용도가 높습니다. 완성한 베이스는 반드시 냉장보관해 내용물이 단단해지면 실온에 두었다가 찬기가 사라지면 사용해요.

COFFEE BASE

→ **초콜릿 고르는 방법**
모카에스프레소베이스는 다양한 초콜릿으로 만들 수 있습니다. 그중 카카오 버터가 들어있지 않아 미세한 온도 조절을 따로 할 필요가 없는 컴파운드초콜릿을 즐겨 사용하죠. 초콜릿은 다크를 사용해야 음료 완성 시 진한 초코색을 낼 수 있어요.

모카에스프레소 베이스

ASSEMBLE 용량 500g

에스프레소 300ml, 다크 컴파운드초콜릿 100g, 카카오파우더 10g, 설탕 150g

RECIPE

1. 설탕에 카카오파우더를 섞어 초코설탕을 만든다.
2. 분량의 에스프레소샷을 추출한다.
3. 냄비에 에스프레소샷을 붓고 약불로 가열한다.
4. 50~60℃가 되어 냄비 가장자리에 김이 오르기 시작하면 다크 컴파운드초콜릿을 넣어 녹인다.
5. 초콜릿이 녹아 매끈해지면 불을 끄고 ①의 초코설탕을 넣어 녹인다.
6. 내용물이 미지근하게 식으면 분리되지 않도록 핸드블렌더로 고속으로 섞는다.
7. 소독한 병이나 튜브에 담아 냉장보관해 사용한다. 거꾸로 세워두는 튜브에 보관하면 좋다.

이렇게 활용해요!
⊕ 쉐이크 음료에 넣으면 풍미가 업그레이드되어요.
⊕ 티라미수 시트에 바르면 특별한 메뉴가 완성되어요.
⊕ 음료를 장식할 때 드리즐용으로 사용할 수 있어요.

COFFEE BASE

커피술 한 스푼의 매직

깔루아밀크 *Cool & Hot*

칵테일에 처음 입문하는 초보자나 달콤하고 부드러운 맛을 선호하는 분들이 좋아하는 음료입니다. 깔루아는 원두를 넣고 만든 럼주로 커피술의 대명사이기도 하죠. 우유나 커피를 넣어 마시거나 우유와 초콜릿소스를 곁들이기도 합니다. 모카에스프레소베이스로 깊은 맛의 알코올 음료를 만들어보세요.

ASSEMBLE

Base
모카에스프레소베이스 *P250 참고
Cool 30g *Hot* 40g

Liquid
Cool 우유 170ml, 얼음 1컵
Hot 우유 200ml

Point
깔루아 *Cool* 30g *Hot* 20g

RECIPE

Cool

1 준비한 잔에 모카에스프레소베이스 30g을 넣는다.
2 깔루아 30g을 넣고 모카에스프레소베이스와 골고루 섞는다.
3 얼음을 채우고 한 번 더 저어 섞는다.
4 우유 170ml를 붓고 살짝 섞어 그라데이션을 연출해 마무리한다.

Hot

1 우유 200ml에 모카에스프레소베이스 40g을 섞는다.
2 준비한 잔에 ①을 붓고 전자레인지에 넣어 뜨거워질 때까지 1분간 데운다.
3 ②에 깔루아 20g을 넣어 완성한다.

TIP	**깔루아의 알코올 도수**
	커피 리큐르 중 하나인 깔루아는 알코올 20%의 술로, 적당히 희석해 음료나 베이킹에 사용합니다. 개봉 후에는 냉장보관해두고 즐겨요.

딸기와 커피의 매칭
스트로베리모카라떼 *Cool*

제가 운영하는 카페에서 겨울철이면 꼭 만드는 메뉴가 딸기티라미수예요. 딸기와 커피의 조합이 낯선가요? 향미가 좋은 드립커피 중에는 스트로베리향의 원두도 꽤 있답니다. 크리스마스나 밸런타인에 제격인 시즌 음료예요.

ASSEMBLE

Base
모카에스프레소베이스 40g *P250 참고

Liquid
우유 220ml, 얼음 1/2컵

Point
딸기절임 60g

Garnish
딸기 1개

RECIPE

1 준비한 잔에 딸기절임을 넣는다.
2 ①에 얼음을 채운다.
3 우유를 부어 잘 섞어 딸기우유를 만든다. 층을 원한다면 섞는 과정은 생략한다.
4 잔 안쪽으로 모카에스프레소베이스를 빙 둘러가며 담는다.
5 딸기를 반 잘라 음료 위에 장식한다.

TIP | 딸기절임 비율 맞추기

딸기는 꼭지를 따고 가볍게 물로 세척 후 갈거나 다지지 않고 주물러 으깨줍니다. 딸기 100g 기준, 설탕 50g과 딸기시럽 2.5g을 섞어 절인 후 설탕이 녹으면 냉장보관합니다.

COFFEE BASE

모카향 맴도는 발효 쉐이크

몰트쉐이크 *Cool*

대형 프리미엄 카페에 가면 줄 서서 먹는 메뉴입니다. 몰트를 넣고 만든 쉐이크죠. 몰트는 베이킹에 사용하는 재료지만 쉐이크에 넣으면 풍미가 좋아집니다. 초콜릿과의 궁합도 좋아 외국에서는 몰트초콜릿도 인기 메뉴로 꼽힙니다. 한 봉지 구매해서 음료도 만들고 쿠키도 만들어보세요.

ASSEMBLE

Base
모카에스프레소베이스 80g *P250 참고

Liquid
우유 100ml, 얼음 100g

Point
몰트파우더 10g,
바닐라아이스크림 80g

Garnish
바닐라아이스크림 1스쿱,
카카오파우더 약간

RECIPE

1   블렌더에 얼음과 우유를 넣는다.

2   몰트파우더와 바닐라아이스크림, 모카에스프레소베이스를 넣고 고속으로 곱게 간다.

3   준비한 잔에 ②의 쉐이크를 담는다.

4   바닐라아이스크림 1스쿱을 올리고 카카오파우더를 뿌려낸다.

TIP | **쉐이크용 아이스크림 찾기**
쉐이크의 맛은 바닐라아이스크림 맛에 따라 좌우되죠. 유지방 함량에 따라 가격이 천차만별입니다. 저는 유지방 함유량이 높고 젤라또 질감이 나는 코스트코 바닐라아이스크림을 즐겨 사용해요.

묵직하고 부드러운 커피 디저트
모카파운드케이크 *Dessert*

파운드케이크는 만들어서 밀폐용기에 두고 4~5일 동안 실온보관이 가능하기에 카페에서도 판매를 많이 하고 있죠. 폴폴 커피향이 나는 케이크예요. 묵직한 식감을 가졌지만 입에 넣고 따듯한 커피와 맛보면 사르르 풀어져 사랑받는 디저트입니다. 모든 재료는 실온에 두었다가 만들어요.

ASSEMBLE

Base
모카에스프레소베이스 50g *P250 참고

Liquid
달걀 50g, 우유 20ml, 버터 120g

Powder
박력분 120g, 설탕 50g, 소금 2g,
베이킹파우더 2g

Garnish
혼합 곡물 10g

RECIPE

1 박력분과 베이킹파우더를 체쳐 소금과 섞어둔다.
2 볼에 실온 버터를 넣고 설탕을 3회 나눠가며 크림화한다.
3 달걀도 실온에 두었다가 2~3회 나눠가며 반죽이 분리되지 않도록 섞는다.
4 우유에 모카에스프레소베이스를 섞어 ③에 2~3회에 나눠가며 섞는다.
5 모든 재료가 크림화되면 ①의 가루류를 섞어 반죽을 완성한다.
6 파운트 틀에 완성한 반죽을 U자 형태로 팬닝한다. 장식용 혼합 곡물도 뿌린다.
7 180℃로 예열한 오븐에서 30분 굽고 틀에서 분리해 완성한다.

TIP | 파운드케이크 모양 내기

190℃로 예열한 오븐에서 10분간 구워 케이크 중간에 1cm 깊이로 칼로 그어주고 다시 180℃ 오븐에서 20분 더 구워요. 바로 먹으면 포슬포슬한 파운드케이크를, 랩으로 감싸 하루이틀 숙성하면 묵직하고 촉촉한 식감의 파운드케이크를 맛볼 수 있어요.

재료의 향미와 컬러를 살리는 게 핵심

허브&티베이스 제조의 포인트는 향미와 컬러입니다. 각 재료가 우러나기에 알맞은 시간과 온도를 찾는 게 중요하죠. 허브티는 90℃의 뜨거운 물에서 4분 이상, 홍차는 95℃ 이상의 뜨거운 물에서 3분 이상 우립니다. 또는 10분 이상 우리거나 뜨거운 물이 차가워질 때까지 설탕과 함께 우리는 것도 베이스에 향과 색을 잘 담아내는 방법입니다. 베이스용 차는 구하기 쉽고 맛의 변화가 적은 홍차가 좋고, 허브티는 베리에이션을 해도 캐릭터가 사라지지 않는 민트류나 색이 뚜렷한 히비스커스를 추천합니다.

허브는 백설탕, 홍차는 흑설탕·황설탕도 매칭

수제로 만드는 베이스에는 방부제를 넣지 않습니다. 보존기간을 늘릴 수 있는 방법은 오직 가열하거나 설탕을 섞는 거죠. 허브베이스에는 반드시 백설탕을 사용해야 색이 잘 나타납니다. 홍차베이스에는 흑설탕, 황설탕 모두 무방합니다. 다만 홍차에는 꿀을 사용하지 않습니다. 홍차의 타닌 성분이 꿀 속의 철분과 만나 인체에 흡수되지 않는 타닌철로 변해버리기 때문입니다. 허브&티베이스는 수분이 많아 냉장보관 기준 한 달이 적당합니다. 보관상태에 따라 그 기간이 더 짧아질 수도 있으니, 위쪽에 하얀 막이 생기면 바로 폐기해야 합니다.

SECTION 4

Herb & Tea Base
허브&티베이스

원재료를 그대로 말려 보관하는 허브와 티는 베이스 재료로서는 최상의 조건입니다. 액체에 인퓨징하여 성분을 추출해내고 오래 보관할 수 있도록 시럽화해 베이스로 만듭니다. 꽃과 잎, 뿌리를 말린 허브와 차로 각각의 특성에 맞게 베이스를 만드는 방법을 소개합니다. 과일이나 채소, 커피베이스보다 활용도가 높은 베이스가 될 거예요.

HIBISCUS BASE
BLACK TEA BASE
MASALA-TEA BASE
MINT BASE

HIBISCUS BASE
BLACK TEA BASE
MASALA-TEA BASE
MINT BASE

히비스커스베이스

냉장보관 1개월 / 냉동보관 2개월

허브 중 색을 내기 가장 좋은 베이스입니다. 히비스커스베이스는 화려한 컬러로 표현하고 새콤한 맛의 음료를 만들 때 좋습니다. 요즘은 가볍게 우려 다이어트 음료로도 많이 즐기죠. 루비를 닮은 매혹적인 수색의 차나 소스, 젤리로도 즐길 수 있습니다. 다만 허브의 특성상 장복은 피해야 합니다. 히비스커스는 색은 붉고 예쁘지만 향미가 없기에 베이스를 만들 때 오렌지 껍질이나 레몬 껍질 또는 로즈페탈을 함께 넣어 만듭니다. 활용 시 우유와의 조합은 피하세요. 히비스커스의 산과 우유의 단백질 성분이 만나 유청이 분리됩니다.

히비스커스 고르는 방법
히비스커스는 주로 유럽과 남아프리카에서 생산됩니다. 베이스용으로는 색이 선명하게 붉고 크기가 적당한 나이지리아산을 추천해요. 히비스커스의 잎이 너무 큰 것보다는 작고 선명한 붉은색을 골라야 루비 같은 매혹적인 수색의 차를 만들 수 있습니다. 빛에 취약하므로 은박봉투에 넣어 직사광선을 피해 보관하세요.

히비스커스베이스

ASSEMBLE 용량 750g

히비스커스 30g 설탕 400g, 물 500ml

RECIPE

1 냄비에 분량의 물을 넣고 끓인다.
2 준비한 히비스커스의 절반 분량을 넣고 약불로 10분간 끓인다.
3 설탕을 넣어 섞고 바로 불에서 내린다.
4 남은 히비스커스를 넣고 24시간 우린다.
5 ④를 거름망에 거르면서 히비스커스를 꾹꾹 눌러 소독한 병에 담아 냉장보관한다.

이렇게 활용해요!
⊕ 음료 제조 시 산도 조절용으로 활용해요.
⊕ 루비 같은 선명한 색으로 천연 색소로도 사용해요.
⊕ 유제품이나 크림과는 함께 사용하지 않아요. 히비스커스의 산 성분이 동물성 단백질을 만나 유청을 분리시켜요.

HERB & TEA BASE

생강향을 더한 프레시 음료

히비스커스진저티 *Cool & Hot*

살짝 단맛이 도는 히비스커스베이스에 생강을 더하면 단맛은 중화되고 면역력은 업그레이드되지요. 상큼하면서도 깔끔한 맛을 즐길 수 있답니다. 베이스에 얇게 저민 생강을 3~4분간 절여주면 당도는 내려가고 생강의 향은 짙어져요.

ASSEMBLE

Base
히비스커스베이스 *P264 참고
Cool 60g *Hot* 80g

Liquid
Cool 뜨거운 물 180ml, 얼음 1컵
Hot 뜨거운 물 300ml

Point
생강 슬라이스 3~4개

Garnish
Hot 식용꽃 약간

RECIPE

Cool

1. 생강 슬라이스를 밀대로 살짝 밀어 향을 극대화한다.
2. 포트에 히비스커스베이스 60g을 넣는다.
3. ①의 생강 슬라이스를 넣고 잘 섞는다.
4. 95℃ 이상의 뜨거운 물 180ml를 부어 4분간 우린 후 거름망에 걸러 준비한 잔에 붓는다.
5. 얼음을 채워 음료를 쿨링해 즐긴다.

Hot

1. 생강 슬라이스를 밀대로 살짝 밀어 향을 극대화한다.
2. 준비한 포트에 히비스커스베이스 80g을 넣는다.
3. ①의 생강 슬라이스를 넣고 잘 섞는다.
4. 95℃ 이상의 뜨거운 물 300ml를 부어 4분간 우린 후 거름망에 걸러 준비한 잔에 붓는다.
5. 식용꽃으로 장식해 마무리한다.

TIP	**생강은 껍질째 밀대로 밀어 사용**
	생강의 유효 성분은 껍질 사이에 붙어있으니 꼼꼼히 세척해 껍질과 함께 사용해요. 밀대로 가볍게 밀면 생강의 향이 더욱 극대화되어요.

썸머 트로피컬 음료

용과히비스커스아이스 *Cool*

용의 여의주를 닮았다는 과일 용과는 선인장 열매입니다. 화려한 모양과 색과 달리 무색무미에 가까운 열매라 평소 즐겨 먹는 과일은 아니죠. 그런데 아주 차갑게, 산미가 있는 과일과 함께 먹으면 그 맛이 180도 달라집니다. 히비스커스베이스를 넣고 알맹이가 사각사각 씹히는 알로에주스를 섞어요. 파티에 어울리는 트로피컬 음료입니다.

ASSEMBLE

Base
히비스커스베이스 50g *P264 참고

Liquid
알로에주스 150ml, 물 100ml, 얼음 2/3컵

Point
용과 100g

Garnish
용과 조각 약간

RECIPE

1 준비한 잔에 히비스커스베이스와 분량의 물을 붓고 골고루 섞는다.
2 용과를 작게 자르거나 잘게 다져 넣는다.
3 얼음을 채우고 분량의 알로에주스를 부어 섞는다.
4 준비한 용과 조각을 음료 위에 올려 장식한다.

TIP | 용과 보관법

용과는 후숙하면 당도가 올라가는 과일입니다. 직사광선이 없고 서늘한 곳에서 실온보관하다가 먹기 하루 전날 냉장실에 넣어두세요. 대량 구매했다면 후숙 후 껍질을 제거해 적당히 잘라 쟁반에 펼쳐 냉동 시켜요. 이후 지퍼백에 넣어 보관하면 과육끼리 달라붙지 않아요.

HERB & TEA BASE

제주의 색과 향, 맛
제주 담은 히비스커스 *Cool*

제주도를 한 잔에 담으면 어떤 음료가 나올까요? 이 책을 쓰면서 두 번의 제주여행을 다녀온 뒤 만든 메뉴예요. 지금도 이 음료를 마실 때면 마치 제주의 햇살 아래 녹차밭과 귤밭에 서 있는 기분이 듭니다. 오늘도 제주가 그리운 분들에게 추천합니다.

ASSEMBLE

Base
히비스커스베이스 50g *P264 참고

Liquid
슈퍼말차탄산음료 250ml, 얼음 1컵

Point
천혜향 1/4개

Garnish
천혜향 조각 약간

RECIPE

1 준비한 잔에 히비스커스베이스를 넣는다.
2 천혜향을 손으로 짜서 즙과 껍질의 오일까지 추출해 잘 섞는다.
3 얼음을 채우고 슈퍼말차탄산음료를 넣고 가볍게 섞어 그라데이션한다.
4 잔이 비었다면 얼음을 좀 더 채운다.
5 천혜향 조각을 음료 위에 올려 장식한다.

TIP	말차탄산음료 고르기
	본문에 사용한 슈퍼말차탄산음료는 비건 인증을 받은 말차탄산음료입니다. 구하기 어렵다면 탄산수 250ml에 말차 3g을 섞어 사용하세요. 말차에 탄산수를 아주 조금씩 넣어가며 개어야 잘 섞어요.

허브로 만든 피클

히비스커스무피클 _Dessert_

적양배추나 비트가 아니라도 붉은빛의 피클을 만들 수 있어요. 히비스커스베이스로 만든 무피클입니다. 색도 맛도 만족스러운 결과물이 나올 거예요. 피클링스파이스를 넣으면 이국적인 맛도 살아요. 없다면 생략 가능한 재료입니다.

ASSEMBLE

Base
히비스커스베이스 60g *P264 참고

Liquid
물 300ml, 식초 150ml, 설탕 120g, 소금 3g, 피클링스파이스 15g

Point
무 300g, 고추 2개

RECIPE

1 준비한 병을 열탕소독해 건조시킨다.
2 고추는 적당한 크기로, 무는 큐브모양으로 잘라 순서대로 병에 넣는다.
3 냄비에 물과 설탕, 소금, 피클링스파이스를 넣고 2분간 팔팔 끓인다.
4 ③에 식초와 히비스커스베이스를 넣고 한소끔 짧게 끓여 불을 끈다.
5 ④의 피클물이 뜨거울 때 ②의 재료가 잠기도록 붓는다.
6 실온에서 하루 정도 두었다가 냉장보관한다.

TIP | **고추를 가장 아래에 넣기**
완성한 피클은 하루이틀만 지나도 맛이 듭니다. 고추를 넣을 때는 용기의 가장 아래에 넣어주세요. 다른 재료에 비해 상대적으로 가벼워 피클물 위로 뜨기 쉬워요.

HERB & TEA BASE

HIBISCUS BASE
BLACK TEA BASE
MASALA-TEA BASE
MINT BASE

홍차베이스
냉장보관 1개월 / 냉동보관 2개월

깊은 맛과 진한 바디감이 특색인 홍차는 베이스를 만들기에 적합합니다. 우유, 커피, 아이스크림, 초콜릿 등 다양한 재료와의 매칭이 가능하기에 재료의 특성을 이해하고 방법만 알면 최종 결과물도 만족스럽죠. 독특한 향미의 다즐링보다는 베이식한 잉글리시브렉퍼스트나 아쌈CTC를 이용합니다. 향미가 가미된 홍차로 음료를 만들면 호불호가 갈리거나 상대적으로 바디감이 약하기 때문이죠. 기본으로 베이식한 홍차를 사용하고 나머지 절반만 가향홍차를 사용하는 것도 방법입니다. 중요한 건 찻잎의 크기인데 깨알 정도의 작은 크기의 찻잎을 사용해야 결과물도 좋답니다.

→ 홍차 고르는 방법

음료 베이스용 홍차는 DUST 또는 BOPF 등급의 아주 작은 크기의 잎을 추천해요. 아쌈에 붙어있는 CTC는 등급이 아닌 홍차 가공방식으로 찻잎을 자르고(Cruch), 찢고(Tear), 말아(Curl)의 약자로 짧은 시간에 진하게 우려지게 만드는 방식을 의미합니다.

홍차베이스

ASSEMBLE 용량 500g

홍차 80g, 설탕 150g, 흑설탕 200g, 얼그레이티백 1개(2g), 물 500ml

RECIPE

1 분량의 설탕과 흑설탕을 섞는다.
2 냄비에 분량의 물을 붓고 끓으면 중불에서 ①의 설탕을 넣어 녹인다.
3 불을 끄고 홍차를 넣고 찻물이 체온 정도로 식을 때까지 우린다.
4 거름망에 2차례 걸러 찻잎을 모두 제거해 상온에서 완전히 식힌다.
5 소독한 병에 담는다. 이때 얼그레이티백을 하나 넣어도 좋다.

이렇게 활용해요!
⊕ 음료의 색을 확실하게 살려줍니다.
⊕ 높은 바디감으로 맛의 무게가 있는 음료를 만들기 좋아요.
⊕ 유제품에 함께 넣으면 맛이 풍부해져요.

향긋한 베르가못의 우아함

얼그레이프라페 *Cool*

바닐라아이스크림과 만난 얼그레이가 얼마나 우아한 맛을 내는지 아시나요? 향긋한 베르가못이 부드럽고 시원한 음료와 만나 마치 고급 디저트를 맛보는 느낌이죠. 프라페는 아이스크림과 얼음을 같이 넣어야 식감이 좋습니다. 얼음 양을 줄이지 마세요.

ASSEMBLE

Base
홍차베이스 40g *P276 참고

Liquid
우유 150ml, 바닐라아이스크림 100g, 얼음 100g

Point
얼그레이파우더 5g, 휘핑크림 적당량

Garnish
오렌지 조각 약간, 얼그레이파우더 약간

RECIPE

1. 블렌더에 분량의 우유와 얼그레이파우더를 넣어 스푼으로 가볍게 섞는다.
2. ①에 홍차베이스와 바닐라아이스크림, 얼음을 넣어 고속으로 곱게 간다.
3. 준비한 유리잔에 70%가 차도록 담는다.
4. 그 위에 휘핑크림을 원하는 만큼 올린다.
5. 음료 위에 오렌지 조각을 올리고 얼그레이파우더를 살짝 뿌린다.

TIP | **얼그레이파우더 보관법**

얼그레이파우더는 당류가 첨가되지 않은 타입으로 구매해요. 냉장이나 냉동보관은 절대 금물입니다. 실온과의 온도 차이로 수분이 생겨 뭉침 현상이 일어날 수 있기 때문이죠. 밀봉해 직사광선을 피해 실온보관합니다.

커피와 홍차, 그리고 레몬

아샷추 *Cool*

레몬을 첨가한 아이스티에 에스프레소를 더한 강력한 카페인 음료예요. 커피와 홍차는 둘 다 카페인을 가지고 있지만, 커피는 즉각적인 효과를 내는 반면 홍차는 조금 늦지만 길게 카페인 효과를 내죠. 집중력이 필요한 시간에 마시기 적당한 메뉴입니다.

ASSEMBLE

Base
홍차베이스 40g *P276 참고

Liquid
에스프레소 1샷, 물 200ml, 얼음 1컵

Point
레몬베이스 40g *P042 참고

Garnish
레몬 슬라이스 1개, 허브잎 약간

RECIPE

1 준비한 유리잔에 홍차베이스를 넣는다.
2 얼음을 가득 채운다.
3 물 100ml와 레몬베이스를 섞어 얼음 위로 붓는다.
4 남은 물을 넣고 마지막에 에스프레소를 붓는다.
5 레몬 슬라이스와 허브잎으로 장식해 마무리한다.

TIP **복숭아맛 아샷추 만들기**
재료의 레몬을 라임으로 바꾸면 라임아이스티가 됩니다. 아이스티의 대명사인 복숭아아이스티를 만들고 싶다면 레시피에서 홍차베이스 10g을 줄이고 시판 복숭아시럽 20g을 첨가하세요. 과육만으로 맛을 내기는 어려워요.

HERB & TEA BASE

초간단 쿨&핫 버전

밀크티 *Cool & Hot*

진하게 우린 홍차에 우유를 섞어 마시는 것을 밀크티라고 합니다. 홍차베이스를 활용해 간단하게 만들지만 결코 맛은 떨어지지 않는 밀크티를 만들어보세요. 얼음이 들어가는 아이스 버전에는 티백 1개를 추가해요. 진한 맛을 낼 수 있습니다.

ASSEMBLE

Base
홍차베이스 50g *P276 참고

Liquid
Cool 뜨거운 물 80ml, 우유 220ml, 얼음 1컵 *Hot* 우유 250ml

Point
Cool 홍차티백 1개(2g), *Hot* 설탕 약간

RECIPE

Cool

1 준비한 잔에 홍차티백을 넣고 뜨거운 물 80ml를 부어 2분간 우린다.
2 ①에 홍차베이스를 넣어 온도를 식힌다.
3 차가운 우유 220ml를 붓고 얼음을 채워 섞는다.
4 홍차티백을 제거하지 말고 그대로 두고 음용한다.

Hot

1 준비한 잔에 뜨거운 물을 부어 예열한다.
2 예열한 잔에 분량의 홍차베이스를 넣는다.
3 우유 250ml를 뜨겁게 데워 ②에 붓는다.
4 잘 섞어 맛을 보고 당도가 부족하면 약간의 설탕을 더한다.

TIP 핫밀크티 더 뜨겁게 만들기

핫밀크티라도 차가운 베이스가 섞이면 온도가 떨어지기 쉬워요. 더 뜨겁게 즐기고 싶다면 우유와 베이스를 섞어 한 번 데워 넣어요. 전자레인지 또는 스팀완드를 활용해요.

홍차베이스로 만드는 생초콜릿

얼그레이파베초콜릿 *Dessert*

한때 일본 여행을 가면 늘 생초콜릿을 사오곤 했었죠. 냉동실에 두고 하나씩 꺼내 먹던 게 생각나 만들어본 메뉴예요. 홍차베이스와 얼그레이파우더를 넣고 화이트초콜릿을 녹였더니 마치 얼그레이밀크티를 마시는 듯 합니다. 기본 재료인 화이트초콜릿은 반드시 카카오버터 함량 20% 이상의 제품을 사용해야 해요.

ASSEMBLE

Base
홍차베이스 20g *P276 참고

Liquid
생크림 180g

Point
화이트초콜릿 220g,
얼그레이티백 1개(2g)

Garnish
슈거파우더 30g

RECIPE

1. 생크림과 홍차베이스를 섞고 얼그레이티백을 찢어 가루만 넣어 냉장실에서 하룻동안 냉침한다.
2. ①의 얼그레이생크림을 냉장실에서 꺼내 실온에 둔다.
3. 화이트초콜릿은 중탕해 녹인다.
4. ②에 ③의 녹인 화이트초콜릿을 함께 섞는다.
5. 파베 틀에 ④를 붓고 냉장실에서 3시간 동안 굳힌다.
6. 충분히 굳힌 초콜릿을 칼로 잘라 손으로 둥글게 만든다.
7. 슈거파우더 위에 굴려 통에 담아 냉장보관한다.

TIP | 얼그레이티백 사용법

얼그레이티백은 용도에 따라 선택을 달리해요. 우려 마실 용도라면 잎이 큰 삼각티백을 사용하고, 베이킹 용도로 쓴다면 펄프티백 제품이 적당합니다. 티백이 없고 잎차만 있다면 커터기로 갈아 사용해도 되어요. 티백 1개당 찻잎의 양은 1.5~2g입니다.

HIBISCUS BASE
BLACK TEA BASE
MASALA-TEA BASE
MINT BASE

마살라티베이스
냉장보관 1개월 / 냉동보관 2개월

마살라는 아시아 남부지역에서 요리에 사용하는 혼합 향신료로 주로 인도요리에 즐겨 사용합니다. 고급스러운 향으로 이국적 풍미의 음료 베이스로도 안성맞춤이죠. 음료 베이스로 사용할 때는 향신료만으로 조합하기보다는 홍차를 섞어 바디감을 줍니다. 보통 마살라향이 가향된 홍차에 시나몬이나 정향을 추가하면 손쉽게 만들 수 있죠. 마살라베이스 레시피에는 정답이 없는데, 선호하는 향신료의 양을 조금씩 늘려 취향을 맞춰가는 게 이 베이스만의 매력입니다.

HERB & TEA BASE

→ **마살라홍차 고르는 방법**

마살라홍차를 구하기 어렵다면 가람마살라로 대체해도 좋습니다. 가람마살라에 홍차와 설탕을 섞으면 맛이 비슷해지죠. 일반 홍차 50g 기준으로, 설탕 300g과 가람마살라 10g을 섞은 후 시나몬과 정향을 넣어 베이스를 만들어요.

마살라티베이스

ASSEMBLE 용량 750g

마살라홍차 50g, 시나몬 30g, 정향 5g, 설탕 300g, 물 650ml

RECIPE

1. 시나몬과 정향을 적당한 크기로 잘라 설탕과 섞는다.
2. 냄비에 분량의 물과 ①을 넣고 중불로 가열한다.
3. 끓어오르기 시작하면 불을 끄고 준비한 마살라홍차를 넣는다.
4. 상온에서 열기가 없어질 때까지 완전히 식힌 후 거름망에 거른다.
5. 소독한 병에 담아 냉장보관한다.

이렇게 활용해요!
- ⊕ 과일베이스의 음료에 넣으면 독특한 맛을 내요.
- ⊕ 잼이나 처트니를 만들 때 훌륭한 조미료가 됩니다.
- ⊕ 당근케이크 시트에 시럽과 섞어 바르면 풍미가 좋아요.

향신료와 맥주의 조합
마살라흑맥주 *Cool*

맥주에 과일이나 커피를 넣으면 독특한 향미가 살아 술자리 분위기를 한껏 올려주죠. 마살라티베이스를 맥주에 넣어 흑맥주의 매력을 높였습니다. 묵직하지만 약간 달달해 매콤한 치킨이나 커리와 잘 어울려요.

ASSEMBLE

Base
마살라티베이스 20g *P288 참고

Liquid
흑맥주 300ml

Garnish
시나몬파우더 1g, 설탕 10g

RECIPE

1. 시나몬파우더와 설탕을 섞어서 접시에 넓게 편다.
2. 준비한 잔 테두리에 물을 살짝 묻히고 ①의 시나몬설탕에 컵을 거꾸로 찍어 테두리에 장식을 한다.
3. ②에 마살라티베이스를 넣는다.
4. 분량의 흑맥주의 절반을 넣어 골고루 섞는다.
5. 나머지 흑맥주는 거품이 풍성하게 살도록 살짝 높은 위치에서 따른다. 가볍게 섞어 전체적인 농도를 맞춰 즐긴다.

TIP	맥주에 어울리는 베이스 찾기
	보리 빛깔의 라거맥주는 밝은색이 도는 자몽이나 레몬베이스가 잘 어울려요. 검은빛의 흑맥주 타입은 커피베이스나 티베이스를 넣어야 묵직한 맛과 향이 살아납니다.

4 SECTION

지난 가을바람의 추억

마살라포도주스 *Cool*

가을 초입, 찬바람이 불기 시작하면 찾게 되는 저의 시그니처 음료예요. 직접 끓인 포도주스에 향신료를 넣는데, 시판 포도주스를 사용하면 사시사철 즐길 수 있죠. 달콤하고 상큼한 포도주스에 향신료로 개성을 표현해보세요. 고저스한 컬러가 돋보여요.

ASSEMBLE

Base
마살라티베이스 20g *P288 참고

Liquid
포도주스 300ml, 얼음 1컵

Garnish
시나몬스틱 1개

RECIPE

1 준비한 잔에 마살라티베이스를 넣는다.
2 분량의 포도주스를 넣고 골고루 섞는다.
3 남은 잔의 공간에 얼음을 채워 음료의 온도를 낮춘다.
4 얼음 위에 시나몬스틱을 꽂아 마무리한다.

TIP | **어울리는 포도주스 찾기**
페트병이 아닌 종이곽에 들어있는 냉장유통 포도주스를 사용하세요. 포도 100%의 진한 포도향을 매칭합니다.

HERB & TEA BASE

HERB & TEA BASE

아쌈과 마살라홍차의 베리에이션
마살라차이 *Hot*

홍차를 처음 배울 때 읽은 책에서 인도 사람들이 밤에 마살라차이를 마신다는 걸 보고 궁금함에 이태원을 찾았던 기억이 있습니다. 요즘은 마살라 향신료가 가향된 홍차도 쉽게 찾을 수 있죠. 마살라티베이스만 있다면 언제든 간단하게 차이 한 잔을 즐길 수 있어요.

ASSEMBLE

Base
마살라티베이스 40g *P288 참고

Liquid
우유 150ml, 뜨거운 물 100ml

Point
아쌈홍차티백 2개(4g)

Garnish
향신료 조각 약간

RECIPE

1 뜨거운 물 100ml에 아쌈홍차티백을 넣고 3분간 우린다.
2 준비한 잔에 뜨거운 물을 부어 예열한다.
3 분량의 우유에 마살라티베이스를 섞어 뜨겁게 스팀한다.
4 준비한 잔에 ①의 우린 아쌈홍차티를 붓는다.
5 뜨겁게 데운 ③을 넣고 잘 섞는다.
6 취향에 맞는 향신료 조각을 올려 마무리한다.

TIP	**가니시용 향신료의 크기**
	음료의 가니시용으로 향신료를 사용할 때는 크기에 주의하세요. 너무 작은 크기는 마실 때 입안에서 이물감을 줄 수 있답니다. 팔각이나 시나몬, 말린 생강 등을 적당한 크기로 조각내어 사용해요.

씹히는 맛도 일품인 영양만점

마살라베이컨양파잼 *Dessert*

요즘은 하드한 빵에 크림치즈를 곁들여 아침을 해결하는 이들이 많습니다. 크림치즈 위에 양파로 만든 마살라양파잼을 올려 드세요. 감칠맛이 폭발하죠. 영양소까지 골고루 채울 수 있습니다. 잼은 과일로 만드는 거라는 편견만 버린다면 다채로운 빵식을 즐길 수 있어요.

ASSEMBLE

Base
마살라티베이스 50g *P288 참고

Point
양파 500g, 베이컨 3줄, 버터 20g, 설탕 50g

RECIPE

1. 넉넉한 양의 양파는 얇게 슬라이스한다.
2. 베이컨은 잘게 잘라 팬에 분량의 버터를 올려 바싹하게 볶는다.
3. ②의 팬에서 베이컨만 건지고, 슬라이스한 양파를 넣어 센불로 볶는다.
4. 양파의 숨이 죽으면 분량의 설탕을 넣고 양파가 갈색이 돌 때까지 볶는다.
5. 양이 반으로 줄어들면 마살라티베이스와 볶은 베이컨을 넣고 약불에서 수분이 보이지 않을 때까지 졸여 냉장보관한다.

TIP | 메이플향 베이컨을 추천

시중에는 수많은 베이컨이 있죠. 고기의 부위부터 두께, 향까지 다양합니다. 이 레시피에는 메이플향이 함유된 일반 베이컨이 잘 어울려요. 완성 시 잼의 풍미가 훨씬 좋아지죠. 마트에 가면 노란색 포장지에 들어있는 메이플향 베이컨을 찾아보세요.

4 SECTION

HIBISCUS BASE
BLACK TEA BASE
MASALA-TEA BASE
MINT BASE

민트베이스
냉장보관 1개월 / 냉동보관 2개월

특유의 강한 향과 박하 성분의 페퍼민트로 만든 베이스입니다. 의외로 민트베이스는 과일음료, 커피, 베이킹, 요리 등에 폭넓게 쓰이죠. 초콜릿과의 합이 좋아 민트초콜릿 메뉴가 특히 인기를 모읍니다. 책에서는 천연 소화제로 불리며 식후 음료 재료로 사용되는 페퍼민트로 베이스를 만들었습니다. 허브티만으로도 훌륭하지만 더 진한 맛을 내기 위하여 페퍼민트에센스를 넣었는데, 민트향이 과하다 싶다면 에센스는 생략해도 됩니다. 베이킹용으로 더 짙은 민트베이스를 만들고 싶다면 페퍼민트 20%, 설탕 10%를 증량하고 마지막에 화이트럼 50ml를 추가합니다. 민트베이스를 만들 때는 꼭 뚜껑을 닫고 우려주세요.

→ **민트 고르는 방법**

베이스에 사용 가능한 민트는 페퍼민트와 스피어민트예요. 스피아민트는 단맛이 강한 반면 페퍼민트는 민트향과 박하맛이 진하죠. 본문에서는 비용적으로 더 저렴해 구하기 쉽고 캐릭터가 확실한 페퍼민트를 사용합니다.

민트베이스

ASSEMBLE 용량 750g

페퍼민트티 20g, 수용성 민트에센스 2g, 설탕 500g, 물 500ml

RECIPE

1. 분량의 물을 냄비에 넣어 끓인다.
2. 끓기 시작하면 바로 불을 끄고 설탕을 넣어 녹인다.
3. ②에 페퍼민트티를 넣어 뚜껑을 닫고 24시간 우린다.
4. 하루가 지나면 거름망에 거른다.
5. 분량의 수용성 민트에센스를 넣고 잘 저어 소독한 병에 담아 냉장보관한다.

이렇게 활용해요!

⊕ 단조로운 맛의 음료에 넣으면 강력한 포인트가 되어요.
⊕ 초콜릿이나 유제품과도 잘 어울려요.
⊕ 시트러스 과일과 조합하면 최상의 맛을 냅니다.

우유 없이 깔끔한 커피

민트아메리카노 *Cool*

마니아층을 지닌 특별한 메뉴죠. 보통은 우유를 넣지만, 이 레시피에는 우유 없이 아메리카노에 민트향만 입혔습니다. 달콤하고 시원한 민트아메리카노 한 잔 즐겨보세요.

ASSEMBLE

Base
민트베이스 30g *P300 참고

Liquid
에스프레소 2샷, 물 200ml, 얼음 2/3컵

Point
애플민트 1줌

Garnish
애플민트잎 적당량

RECIPE

1 애플민트 1줌을 손으로 꾹꾹 눌러 마찰을 일으켜 향을 극대화한다.
2 준비한 잔에 ①과 민트베이스를 넣어 잘 섞는다.
3 얼음을 채운 뒤 잔 바닥의 애플민트를 한 번 끌어올려 섞는다.
4 분량의 물을 붓고 추출한 에스프레소 2샷을 넣는다.
5 애플민트잎으로 장식해 마무리한다.

TIP | **달지 않은 민트커피 만들기**

민트베이스에는 당도가 포함되어 있습니다. 달지 않은 민트커피가 마시고 싶다면 과감히 민트베이스를 빼고 식힌 페퍼민트티 200ml로 대체해주세요. 혹은 민트베이스를 제외한 모든 재료를 쉐이커에 넣어 10초 정도 강하게 흔들어 즐겨도 좋아요.

MINT BASE

우유처럼 즐기는 부드러움
오틀리민트초코 *Cool & Hot*

유제품 섭취 후 불편함을 느낀다면 오트밀로 만든 오트밀크를 우유 대체품으로 사용해보세요. 우유로 만든 것과 흡사한 이미지와 맛을 내죠. 동량의 아몬드밀크를 사용해도 좋습니다.

ASSEMBLE

Base
민트베이스
Cool 25g *Hot* 20g *P300 참고

Liquid
오트밀크 250ml,
Cool 초코시럽 55g *Hot* 초코시럽 40g

Point
휘핑크림 적당량 *Cool* 얼음 1컵

Garnish
Cool 카카오파우더 약간, 애플민트잎 약간 *Hot* 초코시럽 약간

RECIPE

Cool

1 준비한 잔에 민트베이스 25g과 초코시럽 55g을 넣어 잘 섞는다.
2 분량의 오트밀크도 부어 섞는다.
3 ②의 잔에 90%까지 차도록 얼음을 채운다.
4 원하는 만큼 휘핑크림을 올린다.
5 카카오파우더를 뿌리고 민트잎을 올려 완성한다.

Hot

1 준비한 잔에 뜨거운 물을 부어 예열한다.
2 오트밀크를 뜨겁게 데운다.
3 예열한 잔에 민트베이스 20g과 초코시럽 40g을 넣고 잘 섞는다.
4 뜨겁게 데운 오트밀크 절반을 붓고 섞는다.
5 남은 오트밀크를 부은 후 휘핑크림을 올린다.
6 초코시럽으로 크림 위를 지그재그로 장식해 마무리한다.

TIP 수제 오트밀크 만들기

집에서도 손쉽게 오트밀크를 만들 수 있습니다. 오트밀과 물의 비율을 1:3으로 잡고 블렌더에 갈아 고운체에 걸러 사용해요. 대추야자 1~2개를 넣고 함께 갈면 달달한 오트밀크가 완성됩니다. 비건도 마실 수 있는 오트밀크예요.

HERB & TEA BASE

라임과 오이, 민트의 청량감

큐컴버민트 *Cool*

최근 트렌드인 채소와 허브의 조합이 돋보이는 메뉴입니다. 오이는 수분이 많고 특유의 향을 가진 채소로, 음료에 활용하면 청량감을 한껏 끌어올릴 수 있죠. 민트와 오이 사이에 라임향 탄산수를 넣어 라이트한 탄산음료를 만들어요. 육류가 포함된 샌드위치와 함께 페어링하면 잘 어울립니다.

ASSEMBLE

Base
민트베이스 60g *P300 참고

Liquid
라임향 탄산수 200ml, 얼음 1/2컵

Point
라임 1/8개, 오이 슬라이스 5개,
라임 슬라이스 1~2개

Garnish
허브꽃 약간

RECIPE

1. 준비한 잔에 민트베이스를 담는다.
2. 라임 1/8개를 스퀴즈해 ①에 섞는다.
3. ②에 얼음을 조금 채우고 오이 슬라이스와 라임 슬라이스를 넣는다.
4. 남은 얼음을 채우고 라임향 탄산수를 붓는다.
5. 허브꽃으로 장식한다.

TIP **알코올 넣어 칵테일로 즐기기**
이 음료는 칵테일로 즐겨도 좋아요. 특히 진과 잘 어울리죠. 레시피에 핸드릭스라는 진을 20ml 정도 넣으면 오이향과 어울리는 훌륭한 알코올 음료가 됩니다.

4 SECTION

MINT BASE

샐러드드레싱으로 제격
민트레몬마요 *Dessert*

채소를 가지런하게 잘라 도시락 통에 넣어 베지터블 스틱으로 즐겨보세요. 익힌 채소가 아닌 생야채가 주는 생동감을 느껴질 거예요. 민트레몬마요를 곁들이면 눈도 입도 즐거워집니다.

ASSEMBLE

Base
민트베이스 20g *P300 참고

Liquid
레몬즙 10ml, 달걀노른자 2개,
포도씨유 100ml

Point
레몬필 3g

RECIPE

1 준비한 용기에 민트베이스와 레몬즙을 넣고 섞는다.
2 실온에 보관한 달걀노른자와 포도씨유도 함께 넣는다.
3 핸드블렌더를 용기 바닥에 닿게 놓고 고속으로 믹싱한다.
4 내용물이 흰색을 띠면 레몬필을 넣고 다시 강하게 믹싱한다.
5 마요네즈 정도의 점도가 되면 완성이다.

TIP | 비건 마요네즈 만들기
레시피에서 달걀노른자를 빼고 두유 80g을 추가해 만들면 비건 마요네즈가 됩니다. 민트와 레몬필이 들어가 샐러드용 드레싱으로 활용하기 좋아요.

5 BONUS 응용편

Grapefruit Base
×
Black Tea Base

Mint Base
×
Black Tea Base

BASE X BASE

Lemon Base
×
Cold Brew Base

Instant Coffee Base
×
Apple Base

5 BONUS 응용편

A

Grapefruit Base
×
Black Tea Base

홍차자몽에이드 ⇒ 자몽베이스 X 홍차베이스

자허블을 베이스와 베이스의 조합으로 쉽게 만듭니다. 홍차베이스가 과하면 타닌이 강해지니 양 조절이 필요하죠. 준비한 잔에 자몽베이스와 홍차베이스를 넣고 얼음을 채운 뒤 탄산수를 부어요. 자몽향 탄산수가 잘 어울리지만 플레인이나 레몬향도 괜찮습니다. 아래 레시피 중 베이스만 10배로 늘려 섞어 와인병에 담고 말린 자몽과 탄산수 한 병을 함께 포장하면 멋스러운 여름 선물이 될 거예요.

ASSEMBLE

Base
자몽베이스 40g *P052 참고, 홍차베이스 30ml *P274 참고

Liquid
자몽향 탄산수 200ml, 얼음 1컵

Garnish
자몽 조각 1개

B

Mint Base
×
Black Tea Base

민트홍차라떼 ⇒ 민트베이스 X 홍차베이스

강한 민트향이 포인트인 밀크티예요. 색이 진하지 않더라도 홍차베이스의 양을 지켜주세요. 준비한 잔에 두 가지 베이스를 섞은 후 얼음을 채웁니다. 저지방우유를 천천히 부어가며 그라데이션을 연출해 애플민트로 장식해요. 청량감이 돋보이도록 저지방우유를 사용했는데, 저지방 우유가 없다면 일반 우유에 물을 8:2 비율로 섞어 쓰는 것도 방법이에요. 시중에 판매하는 '스킴밀크'는 무지방 우유를 뜻해요.

ASSEMBLE

Base
민트베이스 20ml *P298 참고, 홍차베이스 30ml *P274 참고

Liquid
저지방 우유 200ml, 얼음 1컵

Garnish
애플민트 1줄기

BASE X BASE

Lemon Base
×
Cold Brew Base

Instant Coffee Base
×
Apple Base

레몬콜드브루 ⇒ 레몬베이스 X 콜드브루베이스

외국 손님의 요청으로 만든 메뉴예요. 커피의 진한 향과 상큼한 레몬의 조합이 아이스티와는 다른 매력이 있죠. 준비한 잔에 레몬베이스와 차가운 물을 붓고 섞은 뒤 얼음을 채우고 분량의 콜드브루베이스를 넣어요. 레몬 슬라이스와 허브로 장식하면 완성! 신맛이 부담스럽다면 레몬베이스 대신 생강베이스를 활용해요. 생강의 향이 콜드브루와 만나 무게감 있는 커피의 맛을 내줍니다. 생강베이스는 30g만 사용합니다.

애플마끼아또 ⇒ 인스턴트커피베이스 X 사과베이스

인스턴트커피베이스는 편리하지만 향이 약하죠. 커피 맛에 사과향을 터치한다는 생각으로 사과베이스의 비율을 정해요. 두 베이스 모두 당도가 높으므로 어느 쪽이든 욕심은 내지 않아야 합니다. 준비한 잔에 인스턴트커피베이스를 넣고 사과베이스와 우유를 섞어 스팀해 부어요. 우유 거품 위에 사과 조각을 올리면 완성이죠. 사과 장식은 홍옥을 가로로 얇게 썬 후, 앞뒤 설탕을 묻혀 식품건조기에서 50~60℃ 기준 5~6시간 말려 사용해요.

ASSEMBLE

Base
레몬베이스 50g *P040 참고*, 콜드브루베이스 70ml *P188 참고*

Liquid
물 150ml, 얼음 2/3컵

Garnish
레몬 슬라이스 1개, 민트잎 약간

ASSEMBLE

Base
인스턴트커피베이스 30g *P200 참고*, 사과베이스 20g *P112 참고*

Liquid
우유 200ml

Garnish
사과 슬라이스 1개

5 BONUS 응용편

Carrot Base
×
Apple Base

Strawberry Base
×
Beet Base

BASE X BASE

G

Blueberry Base
×
Ginger Base

H

Green Grape Base
×
Mint Base

315

5 BONUS 응용편

Carrot Base × Apple Base

채소우유플로트 ⇒ 당근베이스 X 사과베이스

아이스크림을 갈지 않고 그대로 띄운 음료를 플로트라고 하죠. 주로 커피음료에 많이 사용하지만 채소×채소, 과일×채소처럼 2가지 베이스를 우유와 섞어 상단에 아이스크림을 올려도 특색있는 메뉴가 완성됩니다. 녹황색 채소의 대명사인 당근과 최고의 궁합인 사과베이스로 맛을 내고 말차로 포인트를 줍니다. 두 가지 베이스를 넣고 얼음을 채운 뒤 우유를 붓고 아이스크림을 올려 즐겨보세요. 아이스크림은 작은 1스쿱은 80g, 큰 1스쿱은 150g입니다.

ASSEMBLE

Base
당근베이스 20g *P138 참고, 사과베이스 30g *P112 참고

Liquid
우유 150g, 얼음 1/2컵

Point
바닐라아이스크림 1스쿱, 말차 3g

Strawberry Base × Beet Base

얼씨딸기쉐이크 ⇒ 딸기베이스 X 비트베이스

흙의 향이 담긴 딸기쉐이크입니다. 비트의 맛이 과하면 딸기의 맛을 해치거나 색이 너무 진해지니 주의하세요. 블렌더에 모든 베이스와 물, 얼음, 요거트를 넣고 고속으로 곱게 갈아요. 준비한 잔 내벽에 딸기 슬라이스를 붙이고 쉐이크를 담으면 완성입니다. 잔 모양에 따라 딸기 슬라이스의 모양도 달라지는데 길거나 각진 타입의 잔에는 세로로 자른 딸기 슬라이스를, 낮거나 둥근 타입의 잔에는 가로로 자른 딸기 슬라이스를 넣어야 안정감 있어 보여요.

ASSEMBLE

Base
딸기베이스 80g *P064 참고, 비트베이스 20g *P174 참고

Liquid
물 80ml, 얼음 120g

Point
무가당 요거트 50g

Garnish
딸기 슬라이스 3~4개

BASE X BASE

G

Blueberry Base
×
Ginger Base

H

Green Grape Base
×
Mint Base

퍼플스무디 ⇒ 블루베리베이스 X 생강베이스

진저는 레몬이나 사과처럼 과일과 섞거나 유제품과 섞어 즐깁니다. 색감이 예쁜 블루베리베이스와의 베리에이션도 의외의 조합이죠. 뚜렷한 개성이 없고 단맛이 지배적인 블루베리는 스파이시한 생강과 잘 어울립니다. 블렌더에 진저베이스와 블루베리베이스, 얼음, 아이스크림을 모두 넣고 고속으로 갈아 블루베리로 장식해요.

쿨젤리청포도 ⇒ 청포도베이스 X 민트베이스

청포도와 민트가 만나면 모히또 느낌의 청량감을 내죠. 민트의 양을 적게 잡아야 두 가지 향을 살릴 수 있습니다. 준비한 잔 아래에 민트베이스와 청포도베이스를 담고 청포도젤리와 얼음, 탄산수를 순서대로 넣어요. 음료 위에 민트잎을 장식해 마무리합니다. 청포도젤리는 집에서도 만들 수 있답니다. 설탕 20g, 곤약가루 10g, 포도맛코코팜 680ml를 섞어 냄비에서 약불로 젓다가 곤약가루가 다 녹으면 용기에 부어 실온에서 1시간 굳혀요.

ASSEMBLE

Base
블루베리베이스 50g *P124 참고,
생강베이스 30ml *P162 참고

Liquid
우유 100ml, 얼음 100g

Point
바닐라아이스크림 100g

Garnish
블루베리 10개

ASSEMBLE

Base
청포도베이스 40g *P088 참고, 민트베이스 20ml *P298 참고

Liquid
탄산수 200ml, 얼음 1/2컵

Point
청포도젤리 80g

Garnish
민트잎 2~3장

카페
Base
메
뉴
101

2023년 7월 17일 1쇄 발행

메뉴	신송이
사진	박종혁(선한 필름)
푸드스타일링	김형님
기획/편집	문영애
디자인	8ightball Studio
인쇄/출력	도담프린팅

펴낸곳	수작걸다
주소	경기 용인시 수지구 동천로64
이메일	suzakbook@naver.com
인스타그램	@suzakbook

ISBN 978-89-6993-044-6 14590

이 책은 저작권법에 따라 보호받는 저작물이므로 무단 전재와 무단 복제를 금지하며,
이 책 내용의 전부 또는 일부를 이용하려면 반드시 저작권자와 수작걸다의 서면 동의를 받아야 합니다.
* 제본에 이상이 있는 책은 바꾸어 드립니다.